U0018047

克什米爾與印巴關係

吳俊才著

中華書局印行

序

克什米爾—這東方的瑞士，十年前當我初到印度時，早已是深深嚮往。成天喘息在烈日酷暑下的人們，誰又不想望這湖山秀美的消暑勝地呢？更何況就在山的那邊，便是我們的西藏，我們的新疆，因此我們對克什米爾的一切，很自然的有着特別的愛好和親切之感。

一九四八年五月起，印度和巴基斯坦兩自治領，爲了爭奪這戰略的要地，曾展開了全面血戰，九年來雖經聯合國調處，劃定了停戰線，但兩軍對壘，依然是劍拔弩張，而醜惡的政治陰謀，在斯林拉迦，更是接二連三的上演，直到一九五七年一月，印度不顧安理會的決議，悍然宣佈合併克什米爾以後，擱置經年的懸案，纔又引起舉世的注目。我以爲凡不屬克什米爾的人們，不問他們憑藉着何等優越的軍事和政治力量，都不能越俎代庖來決定克什米爾的前途。在這裏唯有貫徹民族自決的原則，讓克什米爾的人民，來表現他們的自由意志，才是解決爭端的最合理辦法。

十年前我在印度，正是印巴兩國在克什米爾開始火拼的時候，當時曾留意並不斷搜集有關的資料。一九五六年十一月乘出聯合國教科文組織第九屆大會之便，又在新德里就其近年發展實況，求進一步的了解。一九五七年春天鑒於印度對克什米爾採取蠻幹作風，尼赫魯與梅嫩之流，竟欲一手遮盡天下人耳目，深覺我們對本問題實有多加研討的必要。本書所述各節，我曾力求客觀翔實，但掛一漏萬，仍所難免，敬望國人有以教之。

吳俊才　四十六年九月於臺北

克什米爾與印巴關係

吳俊才 著

目次

克什米爾與印巴關係

第一章　甘地、眞納、尼赫魯看克什米爾問題

克什米爾問題，發生於一九四七年。甘地、眞納、尼赫魯對克什米爾問題的看法，使印度和巴基斯坦在當時所採取的政策以及其後來的演變，都受有決定性的影響。

締造印度而被譽爲非暴力主義先知的甘地，曾在一九四七年印巴分治前，第一次也是最後的一次，訪問了克什米爾。在這一次的旅行訪問中，甘地本人雖極力避免發表有關政治性的言論，但以他地位的重要，也有人解釋爲這是是印度對克什米爾的一次和平進軍。一九五六年四月，尼赫魯在國會答辯時，又曾公開承認：「我雖極不願意在甘地咭逝世以後來重提此事，但我却不能不講個明白，當時我們決定對克什米爾用兵，甘地咭是贊成的」。

甘地所持的態度，究竟如何，我想最好還是引他當時所發表過的言論，加以說明：

一九四七年八月一日至七日，甘地赴克什米爾訪問，五日在接見難民代表時，他曾坦率表示：「到了八月十五日（按指英國準備交還政權與印巴兩自治領的日期），就法律的觀點說，克什米爾是獨立了，但我相信這種情況不會長久，克什米爾必得加入印聯或者巴基斯坦。這裡的居民，絕大多數是回教徒，錫罕

阿布多拉已在此地燃起了人民的鄉土之情。英國統治權將在八月十五日結束。眞正的統治者也就是克什米爾人民，將從此當權。他們使用同一的語文，有着同一的文化，而且在我看來，他們還是屬於同一個民族，因爲我找不出克什米爾的印度教徒和回教徒，究竟有什麽重大區別。就廣義的意義說，我也很難斷定，究竟是回教徒還是印度教徒佔多數。我認爲唯有克什米爾人民的意志，才是最高的法律。我曾翻閱過所謂阿姆利渣條約（詳見第二章），其實它不過是一場買賣，這場買賣，到了八月十五就完結了。當時的買主是哥拉甫辛，賣主是英國總督。現在英國人是否要把克什米爾又拿回英國去呢？如果決定交還印度，又將交與那一自治領呢？當然這裡面牽涉到法律的問題，我無權過問，不過以常識判斷，我以爲只有克什米爾人民才能決定他們自己的命運，而且愈快愈好。克什米爾人民的意志，將何從表示呢？這是一個值得研究的問題，不過我希望這問題，由兩個自治領，克什米爾王公，克什米爾人民來共同決定。假使四方面能獲致共同協議，當可減少許多麻煩。總而言之，克什米爾是這麽大的土邦，又有這麽大的戰略價值，它是有着偉大前途的」。

一九四七年十月廿七日，克什米爾王公請求加入印聯，印軍並已大舉進入克什米爾，對入侵的部落民族激戰，甘地對此，曾在每日的晚禱會中，發表他的看法：「當克什米爾王公在困難時表示願意加入印聯，總督自不能拒絕。印度政府已空運部隊前往克什米爾，並告訴王公，准其加入印聯只是暫時的，直到將來由克什米爾人民，不分宗教，來一次公平的公民投票，纔是最後的決定。王公已曾及時任命錫罕阿布多拉爲首相，我從報上看到，錫罕阿布多拉也已欣然接受。當前的狀況，據報載有部落民族所組成的叛軍，在得力的指揮下，向斯林拉迦挺進，沿途搶掠，並已破壞電源，使斯林拉迦黑暗無光。倘使沒有巴基斯坦政府某種的鼓勵，很難使人相信這種事情可以發生。我沒有足够的情報來遽下判斷，當然這也不是我的目的。不過，就我所知，印度政府派兵前往斯林拉迦，這是對的，儘管人數很少，但至少可以給克什米爾人民帶來自信心，特別是對那受人愛戴的克什米爾之獅—錫罕阿布多拉有着極大意義。前途如何，操之在神。人只有幹或者是死。假如被派去的少數印度部隊，爲了保衛克什米爾，像斯巴達人一樣，英勇的戰死，我將決不流淚。假如錫罕阿布多拉和他的回教的，印度教的，錫克教的同志們，男的，女的，爲了保衛鄉土而犧牲在崗位上，我也將決不悲傷。那將給千千萬萬的印度兒女，留下光榮的榜樣，那種英勇的抵抗，將影響整個印度，好讓他們忘記：印度教徒，回教徒和錫克教徒，曾經彼此是敵人」。

同年十一月一日，甘地在晚禱會中，又請他的聽衆，注意克什米爾問題，他說：「有些人爲了恐懼，從克什米爾逃了出來，這是不應當的。他們應當學習勇敢無懼，他們應當準備犧牲生命來捍衛家園，不問男女老幼，都該如此。倘使克什米爾所有的軍民，都能爲保衛鄉土而致戰死在自己的崗位上，我是不會介意的，我眞希望那些侵入克什米爾的强人們，能懸崖勒馬，離開這裏。」

第二天，甘地再討論到克什米爾的戰事，他說：「印度政府又已繼續派軍隊前往增援。政府所能調用的運輸機有限，我很高興知道，有些民航公司願把民航機交政府使用。時間對我們的部隊和我們的政府有利，當然是不利於那些强人的。」「我很難相信，巴基斯坦政府不會直接或開接鼓勵這一次的進攻。據說西北邊省的首席部長，公開鼓勵進攻克什米爾，並向回教世界呼籲援助，他們還說，是尼赫魯政府的陰謀詭計，克什米爾王公才請求加入印度。眞是好笑，一個巴基斯坦負責任的部長，竟會對姐妹國的政府說這種不負責任的話。」

甘地的論調，是這樣的激烈，又屢次鼓舞大家參加克什米爾的保衛戰，因此就有人寫信責備他，爲甚麽放棄了素所堅持的非暴力主義原則，甘地答覆道：「我雖然沒有批准政府派兵援助克什米爾，也不接受錫罕阿布多拉所信的暴力原則，但我却不能不讚佩他們的英勇行動，特別是假使他們能戰至最後一人，因爲由於他們的這種表現，或者將使印度改觀。不過，如果他們所使用的不是暴力，那我相信一定可以使印度改觀。我以爲非暴力的運用，不需要用武器去支援，印度政府如果採取非暴力的援助，辦法實在很多。無論如何，爲了抵抗强權而戰，儘管是孤軍奮鬬，儘管敵人居絕對優勢，那都是應該的。不過我以爲如爲了保衛鄉土，面對殘忍的屠殺，既無怨言，又無憤怒，更不使用任何武器，連一隻拳頭也不舉起，而怡然死在敵人的血手裡，那纔眞是歷史上空前的英勇表現，克什米爾也將從此成爲印度乃至全世界的光輝聖地，永遠照澈人間」。甘地這話，若被解釋爲事先批准了印度政府派兵支援克什米爾，似乎略帶勉强。否則，果如尼赫魯所言，那麽甘地素所鼓吹的非暴力主義，就從此壽終正寢了。

說到瓜分克什米爾，甘地是痛心疾首的反對。一九四七年十二月二十五日，他在晚禱會裡說：「有人在談瓜分克什米爾，這是不可想像的。印度被瓜分，已經是够受的了。我們常想，上帝安排好的一個國家，人是不應把她分割的，可是印度却遭受了瓜分的命運，是國大黨和回盟共同決定的，雖然他們各有各的原因。不過這不是說，我們要一直瓜分下去。假使克什米爾瓜分，別的地方又怎麽樣呢？又分到什麽時候為止呢？為什麼不能合，而一定要分呢？」

不幸甘地在一九四八年的一月卅一日，在德里遇刺身死，他沒有想到，也許他已經想到，克什米爾問題竟成了印度和巴基斯坦新仇舊恨的淵藪。

和甘地同時但發言的力量更能直接發生重大影響的眞納，他是回盟的黨魁，巴基斯坦的國父，更是實際執政的總督。對於克什米爾問題，他一直是在策劃並且執行着巴基斯坦的政策。早在一九四七年五月，眞納就曾經要求，未來的巴基斯坦，東西兩部分領土中間，應該包括有一條八百英里長的走廊地帶來啣接，這走廊地帶就包括了克什米爾。一直到了六月三號，當時的印度總督蒙巴頓，提出了警告，如果眞納堅持，就連已經得到的巴基斯坦也會成為泡影，眞納才勉强點頭。（見 Mission With Mountbatten. By A. C. Johnson. P. 103）

從宗教的，地理的，經濟的關係來說，眞納希望取得克什米爾，是很自然的結論。在王公統治下的克什米爾，有兩個政治性的團體，回教徒會議黨，（Muslim Conference）和國民會議黨（National Conference）。一九四三年，眞納曾首次訪問克什米爾，主持那年的回教會議黨年會。可是他失了一個很好的機會，沒有和該黨黨魁錫罕阿布多拉建立起密切合作的關係，印度的國大黨當然乘虛而入。一九四四年的五月，眞納第二次訪問克什米爾，當時回教會議黨和國民會議黨之間發生了磨擦，兩黨的領袖，都希望眞納以回盟黨魁的地位，到克什米爾替他們調解。受過嚴格律師業務訓練的眞納，似乎認定了唯有承認克什米爾王公的地位，才是解決克什米爾問題的途徑。因此這一次的訪問，雖然到處受到熱烈的歡迎，克什米爾的所有回教徒包括錫罕阿希多拉在內，都推崇眞納爲印度回教徒最愛戴的領袖，可是眞納却不願意在這時候予任何一方以政治上的承諾，也許他認定克什米爾加入巴基斯坦是沒有問題的。

眞納離克什米爾前，在六月十七日，又發表書面談話，他指出：「我到贊木時，就已說過，回盟的政策，不是想干預克什米爾的內政，也不想過問王公及其政府所面對的難題，我們當然十分關切回教弟兄在這裡的生活。我必須坦白的說明，就算是一個在此過路的遊客，看到人民在日用所需上是如此的窘迫，都會感到難過。拉荷爵士 Sir B. N. Rao 剛就任爲首相，人人都望着他，希望他能採取有效措施，改善人民的生活」。「我曾說過，對於這兒的回教弟兄，我特別關切，但是我很抱歉，錫罕阿布多拉和他的黨，還有國民會議黨，雖然派人到德里和拉合爾來看我，這次又十分熱烈招待我，並且表示希望我能聽取双方的意見，把問題解決。可是當我把經過仔細研究過的建議，即回教弟兄應該在一個旗幟之下，提出一個共同的政綱政見的看法，向他們提出時，錫罕阿布多拉不僅不聽從我的勸告，反而照他的老脾氣，又用尖酸刻薄惡毒的話對我個人加以攻擊。我認爲不同的見解，不同的意見，只有經過反覆的辯論，開誠佈公，才可以消除」。眞納和錫罕阿布多拉，從此歧見日深，以後也再沒有得到交換意見的機會。

到了一九四七年十月，部落民族已從巴基斯坦的西北邊省攻入克什米爾，這時，眞納還希望與克邦王公及印度代表擧行會商，但新德里方面顯然毫無興趣。十月二十七日印度空運部隊到達斯林拉迦的消息，傳到了眞納的耳中，這天晚上他正在拉合爾，出席西旁遮普省督摩底爵士 Sir Francis Mudie 的歡迎酒會，毫不遲疑地他抓起電話筒，命令駐防拉瓦平底 Rawalpindi 的格雷西將軍 General Gracy 立刻派兵進佔耶郎山谷 Jhelam Valley。倘使眞納的命令已被接受，進取耶郎山谷，實易於反掌，循此東進，將不是少數的印度空運部隊，可以解圍的。格雷西將軍也許爲了不欲使印巴兩國間的戰事擴大，也許是一時無法集中部隊，他要求先和阿欽拉克元帥會商。阿欽拉克 Field Marshal Sir C. Auchinlek 在印巴分治前擔任印度軍總司令，分治後，負責兩自治領總司令部間的協調工作。二十八日的清晨，阿欽拉克元帥與格雷西將軍，極力勸服眞納收回成命。這是一杯苦酒。自信獨厚，才力過人的眞納，在高度的憤怒下這次居然無法不喝下了，他只得收回成命。他等於是放棄了在他以爲本應劃歸巴基斯坦的這四萬方哩土地。也許他是在考慮政治上的原因，總之，他不曾派兵侵入克什米爾。此後不久，眞納臥病，第二年的九月十一日，眞納以七十高齡病逝克拉蚩。

甘地和眞納相繼逝世，印度和巴基斯坦對克什米爾問題的爭執，其主動遂落在尼赫魯手中。一九四八年以後，尼赫魯更能放手作他認爲應該做的事。他重視克什米爾，除了政治上的因素，更包含他個人的偏愛，他不曾忘記，尼赫魯一家係來自克什米爾。

尼赫魯的祖先是屬於定居在克什米爾的婆羅門階級，所以在他的名字Pandit Jawaharlal Nehru，中仍保留着潘底她 Pandit 一字，潘她底意爲有學問的人。約在一七一六年，尼赫魯家始從克什米爾遷居德里，這時正是蒙厄兒王朝法魯克夏時代。法魯克夏王在巡視克什米爾時，對當地的一位梵文波斯文學者拉甲柯爾 Raj Kul 頗爲欣賞，賜以采地，還有一所房子，這地正位於一條運河 Canal 的旁邊，Canal 波斯文爲尼赫魯 Nehru，因此這位學者就自稱爲 Raj Kaul Nehru，以後率性簡稱爲 Nehru 尼赫魯，尼赫魯變成了這一家的姓，從此小有名氣。

拉甲柯爾遷居德里後，他的兒子潘廸底・拉克希米・拿諾因・尼赫魯 Pandit Lakshmi Narayan Nehru，膺聘爲東印度公司的法律顧問，已和英國人開始發生關係。潘廸底・拉克希米・拿諾因・尼赫魯的兒子潘廸底・干翁干・達爾・尼赫魯 Pandit Ganga Dhar Nehru 後來就作了德里警察局的巡官。這時正是印度大暴亂以前不久。一八五八年，由東印度公司印度僱傭兵發難的大暴亂 Muting，被英軍個個擊破鎮壓，也就在這一年，印度滅亡於英，東印度公司將所得印度領土，交由英女皇維多利亞統治。尼赫魯家在暴亂平息後不久，自德里遷居阿格拉 Agra，馳名世界的泰姬陵 Taj Mahal 就在此地。一八六一年，尼赫魯的父親 Pandit Matial Nehru 便出生在阿格拉。他出生的那一天，也就是印度詩哲泰戈爾 Rabindranath Tagore 的誕辰，所以後來尼赫魯敬泰戈爾爲父執，便是這麽一段因緣。尼赫魯的父親命運並不太好，他出生時，父親已經死了三個月，他靠着哥哥長大，大哥在殖民地政府的司法部供職，二哥在高等法院作事，後來二哥由阿格拉調任到阿拉哈巴德 Allahabhad，從此便定居了下來。尼赫魯的親生母，也是屬於克什米爾來的婆羅門教徒，十五歲就結婚了，一八八九年十一月十四日，生下了尼赫魯 Pandit Jawaharlal Nehru。

從這一簡單的敍述，我們知道尼赫魯對克什米爾有着特殊的愛好和關切，雖然到了一九四〇年，他才有機會一覩他的祖宗廬墓之鄉。尼赫魯並不否認他對克什米爾有着深厚的感情。一九五二年八月七日，他在國會演講中說道：「我被稱爲是克什米爾人，因爲十代以前，我的祖先自克什米爾來到印度，但是我心目中想到的克什米爾，還不止這種關係，有比這把我們連得更緊的關係」。他認爲英國的統治權雖已結束，但在本質上，克什米爾與印度的關係，還應該像英治時代一般，是不可分的。「當英國在印度掌權的時候，很明顯的，印度境內不容有其他獨立政權的存在。自然，這些地方性的政權，可以維持半獨立的，受保護的，或者是附庸性的地位。因此，所有的土邦，都被歸併在英國的宗主權之下。同樣的情形，當英國人離開了印度，這些的地方政權，還是不可能獨立。那個時候，沒有所謂巴基斯坦。所有土邦的王公，不管他們是甚麼人，也不管他們是否需要，都無法不承認印度的宗主權，印度的統治地位。所以克什米爾在印巴分治的時候，雖沒有立刻決定加入任何一方，但並不是說它已經取得了獨立地位。因爲它過去並不曾獨立，所以這是我們的責任，在實質上應該照顧克什米爾的利益。我要很明白的表示，不問它是否加入印聯，我們要援助它，那是責無旁貸的。」

說到克什米爾王公的請求加入印聯，尼赫魯在一九四七年十月廿七日對印度製憲會議表示：「我們決定接受，並空運部隊前往，但我們曾附帶一個條件，卽加入印聯的事，當克什米爾恢復和平秩序以後，還得由當地公民來決定。我們無意在克什米爾危急的時候，在人民還不能充分表達意見的時候，就作最後的安排。唯有克什米爾人民，才能最後的決定。在這裡我要再清楚的指出，我們一貫的政策，是當土邦歸併到任何一自治領的問題發生了糾紛時，一定應由該邦的人民來決定。就是根據這一個政策，所以對克什米爾的請求加入印聯，我們加了上述的附款」。

早在一九四七年十月，巴基斯坦眞納，曾建議在兩個自治領總督的聯合監督下，由克什米爾公民，舉行投票，但尼赫魯却在十一月二十一日予以拒絕。「我曾一再聲明，當攻擊者已被逐出或撤退，和平秩序業已恢復時，克什米爾人民應擧行公民投票，或者由國際組織如聯合國來監督，以決定該邦的地位。這是很明顯的，在攻擊者正肆虐土邦，軍事行動正在進行的情況下，是無法擧行公民投票的，我仍舊堅持此一決定」。

四天以後，他又對印度製憲會議說：「我很抱歉，在贊木與克什米爾有回教居民被殺被逐，但那與印度軍隊或印度政府無關。那是近數月來，在旁遮普省印回仇殺所帶來的影響。我有充足的證據，證明克什米爾被攻擊，完全是巴基斯坦政府的官員在策劃。他們幫助所謂部落民族和退伍軍人，收集並供應軍火，武器，裝備，車輛與汽油。他們一直在這樣做。自然，他們的高級官員也已曾公開承認。這是非常明顯的，那麽多有組織的隊伍，如果沒有得到當地政府的許可和協助，怎麽能越過巴基坦的邊界進入克什米爾呢？我們無法不得到一個結論：克什米爾遭受攻擊，完全是巴基斯坦所事先計劃安排，目的在用暴力迫使其加入巴基斯坦，這種行動不僅威脅着克什米爾，也嚴重的威脅印度」。

到了一九五六年，尼赫魯已不再同意經由公民投票，來決定克什米爾的前途。四月三日，他在記者招待會中作此宣佈。他說：「我們等待着，年復一年，希望和巴基斯坦將問題解決，因爲我們極願維持兩國間的友好關係，可是一無所成。因此我們不得不走先一步，在克什米爾成立了製憲會議並製定了邦憲。我們不能淡忘這九年來已有的種種變化，我們必須重視這些變化，實際的，憲法上的改變。所以我說，布加寧，赫魯雪夫會謂克什米爾問題，在法律上，憲法上，事實上都已是印度領土的話，是完全正確的。若有人要根據法律來辯論，我們就要從問題最初的時候開始談起，那就是侵略。如果談法律，我們就要依法來談侵略與與合法加入印聯的問題；如果要談實際，那麼我們最要緊的，應該是關心克什米爾人民的生活與自由；我們極願與巴基斯坦維持友好關係，這比任何法律的解釋和爭論都重要。就說法律吧，法律是克什米爾已加入印度，是印度領土的一部分，而侵略者却是罪犯。」

「從我們和巴斯坦多次的談判中，始終我們沒有把舉行公民投票以前應解決的許多問題，取得協議。例如撤兵就是一個未曾談妥的問題，即令這問題已談妥，也還有其他許多的問題。可是就在我們談判未決的當中，突然發生了美國軍援巴基斯坦的事體，這已使防衛克什米爾的問題，帶來了軍事的、政治的重大改變」。「現在已經不再是巴基斯坦願意撤兵多少的問題了，在這有限的部隊後面，現在已增加了新的軍事潛力，這已經有了極大的分別。這已經影響到印度本身的國防。這些因素是不能不考慮的。大的軍事基地圍繞着印度，不僅在印度，而且在克什米爾的巴基斯坦佔領區內也建立了起來，它使整個的問題都改變了」。「我們等待在克什米爾舉行公民投票，已經是六七年了，現在先決的條件沒有談妥，而新發生的事情又使問題變了質，那麼我們勢不能不改循另外的方式來求解決」。

一九五六年十一月，克什米爾製憲會議通過邦憲，其中訂明克邦加入印聯，並規定新憲自一九五七年一月二十六日起生效。同年一月二十四日，安理會應巴基斯坦之請，恢復討論克什米爾問題，安理會以一九五一年克什米爾製憲會議成立時，印度代表已曾在安理會表示，克邦製憲會議所作決定，將不影響公民投票的舉行，故再度決議表示，希望印度維持對克邦的現況。到了一月二十六日，克邦新憲仍照預定計劃，在印度獨立紀念日，宣佈生效，因此引起舉世的憤慨，尼赫魯遂於一月卅一日在麻打拉斯發表如下的演講：

「對於克什米爾邦憲生效的問題，已在外間引起了各種傳說，其實據我所知，巴基斯坦也已將他們所佔領的部份，劃爲領土，載諸憲法。何以旁人對此竟不注意，我們在安理會提出此事，也不爲他們所重視，這是很使人費解的。近天以來，我發現有不少人對安理會的決議與國外的指評，感到極度不安，但這是與事實無補的。我不否認這的確是一個嚴重問題，有的人們，包括國會議員在內，主張召集特別國會，但我以爲實無此必要。又有人建議，我們應停止大選，甚至主張應修改憲法，我也完全不同意。大選必須進行，不管發生任何問題。我們已經是一個成熟的民族，能够依憲推動民主政治，而又能同時應付嚴重的問題，並且正因爲我們感受威脅，正因爲我們的憲法，我想更需要籍大選來考驗我們的政策是否爲人民所需要。我們並不膽怯，我們抱着堅定的態度，繼續沉着應付。

「誠然，克什米爾問題近來的發展，引起我們極度關切，也很令人憤慨，我們憤慨的是拖了九年的問題，到今天安理會突然來一個決議，這決議使我們大爲激動，也使巴基斯坦和克什米爾的人們激動。但激動却並不能解決問題，我們要研究最近九年來的歷史演變，它的背景，它所包含的各種問題—法律的，實際的，以及相隨俱來的後果等等—我以爲除了突如其來的討論和決議以外，還需要有更多的智慧來處理。

「克什米爾的基本問題是甚麼呢？最重要的莫過於當地人民的幸福，其他皆屬次要。假如在這裡發生了衝突，自然別的事情也必須顧及。我是印度的首相，我必得顧及印度的利益，我決不後退，也決不因爲旁人的激怒而犧牲印度的利益。然而我和政府所最關切的，還是爲了克什米爾人民的好處。

「我知道有不少人，大部份係外人，也有我們印度人，在談到道義的問題。他們說：『尼赫魯先生是素重道義的人，常對世界其他的人們，從道義上予以指點，可是對克什米爾問題，他却自己忘記了道義，他是一個抱着兩個原則的人』。我很難知道自己的缺點，但就個人來說，我並不是雙重人格或意識分裂的人。假如對克什米爾問題的看法，眞是抱着不同的原則，那我不僅應接受國外人士的指責，更應當接受國人的指責，而且自譴。我以爲假如眞要談道德，我們對克什米爾問題更有充分的理由。看看歷史吧，發動侵略的，來自巴基斯坦方面，隨後並由巴基斯坦直接參與，他們姦淫擄掠，無所不爲，我們自不能不保護克什米爾的利益。九年前我們剛剛獨立，那時從事戰爭眞不是簡單的事，況且我們在心理上又是主張非暴力與和平的，但我們不能不有所行動。幸好，那時甘地還在，我曾多次請求他的指示，我記得他也曾公開談過這問題，他告訴我們，援助克什米爾是我們的責任。他——一個和平的人，要我們必得這樣作。因此，我們的軍隊去了，發現不僅有所謂部落民族，而且還有着正規軍。

「有人指我們違反國際協定，不履行公民投票的諾言。此類批評，如來自巴基斯坦，無足爲奇，因爲他們從不說負責任的話，但當其他的人竟也指我們破壞國際協定，頗使我們難受。究竟我們違反了何種國際協定，我不知道。假如我眞是沒有履行協定，那麽我必得履行，否則，我就應該辭去首相職務。關於公民投票的問題，我們和巴基斯坦曾經討論，作爲解決問題的一種途徑。我們也曾在若干步驟上取得協議，但是這些建議或協議，是附有條件的，是不能永遠拖延下去的。九年來巴基斯坦在克什米爾沒有擧行過選舉，我們却舉行了選舉又訂立了邦憲。克什米爾加入印度，早在一九四七年即已決定，克什米爾製憲會議不過複決而已，而且邦憲已在去年十一月完成，不過是在今年一月廿六日生效而已。安理會這次討論克什米爾問題，事先並沒有瞭解這裡的實際情況，甚至尚沒有聽取我們代表的發言，即匆匆對此一重大問題，作了草率的決議」。

三天以後，尼赫魯又再度就此發表演講，他說：「巴基斯坦向安理會提議，印巴雙方撤兵，由聯合國派兵接防，準備公民投票。這是極端可笑的。我們容忍巴基斯坦部隊盤據在克什米爾，是爲了和平。」「我們決不容許任何外國部隊進入我們在克什米爾的領土，過去我們已經看够了外國軍隊」。

上述甘地、眞納、尼赫魯對克什米爾問題的看法，是我們在進一步研究此一問題的歷史背景，發生原因與演變經過時，所不能不首先提出來的。

第二章　從阿育王時代到多格拉王朝

任何國際問題之發生，莫不有其歷史背景，克什米爾在印度歷史上，恆受其四周國際力量消長之景況，扮演悲劇的角色。古印度教王子，蒙厄兒諸王，阿富汗的大君，錫克軍閥以及英國的殖民勢力，均曾先後統治着克什米爾的人民，雖然有時在名義上還維持着一個形式上的地方政權。克什米爾的人民以勤勞儉樸著稱，且皆體格魁梧，然而却缺乏戰爭的勇氣。「在一枝步槍的威脅下，可以使四千個克什米爾人，唯命是聽」，這是巴基斯坦外長沙弗諾拉罕 Sir Zafrulla Khan 於一九四七年在安理會的證辭。牛津印度史 The Oxford History of India 的作者，被認爲是近代研究印度史的權威，斯密茲 Smith 先生，也說：「克什米爾人的怯懦，是遭致外患的重要原因」。（原書第一七六頁），總之，克什米爾成爲國際間的逐鹿場，不自今日始。

英人治印時代，克什米爾在名義上受治於多格拉王朝 Dogra Dynasty 的哈利辛 Maharaja Hari Singh。多格拉王朝創立於一八四六年，創主爲哥拉甫辛 Maharaja Gulab Singh，他原是錫克拉吉迪辛 Maharaja Ranjat Singh 屬下的部將。錫克 Sikhs 原是印度的一種宗教（參拙著印度獨立與中印關係二五八—二六〇頁），但錫克教徒却構成爲一擁有政治和軍事力量的「少數民族」，特別是在十九世紀上半葉，其時蒙厄兒帝國式微，印度西北部時爲阿富汗所侵擾，西北邊省至旁遮普，已是阿富汗勢力所控制，英國東印度公司的殖民力量，又未超越蘇迪拉吉河 Sutláj 以北。錫克教領袖拉吉迪辛，遂得以阿姆利渣 Amritsar 爲中心，漸次强大。一七九九年受阿富汗王封爲拉合爾王（Maharaja of Lahore），一八〇九年與東印度公司總督明托 Lord Minto 簽立互不侵犯條約，一八一三年繼逐阿富汗勢力出印，佔有印阿邊境的阿圖克 Attock，一八一九年佔克什米爾，一八二三年佔白雪華 Peshawal，至一八二四年年底，西北起自印度河，南抵蘇迪拉吉河之地，盡爲拉吉迪辛所有。

當錫克教的軍事力量，在印度西北大肆擴張時，拉克迪辛的部將哥拉布辛，因戰功彪炳，而被派爲克什米爾的軍政首長。從此，哥拉甫辛集中全力從本區向四周擴張。一八三〇年，東取拉達克，Laddkh，一八四〇年，北攫巴爾迪斯坦 Baltistan，一八四二年，更進據吉爾吉迪 Gilgit，一八三九年時錫克王拉吉迪辛死，克什米爾發生兵變，一八四一年王子歐爾辛曾率兵入克什米爾平亂，但大權顯然仍爲哥拉甫辛所掌握。一八四五至一八四九年，東印度公司爲了統一印度，發兵北進，與錫克軍兩度大戰，錫克戰敗，由英併有其地。（詳參拙著印度近代史五九—六一頁），哥拉布辛則於戰爭期中，按兵不動，保持中立，一八四六年並單獨與英簽立阿姆利渣條約，乃獲有克邦之名義統治權，但承認英國之宗主權，是卽爲多格拉王朝之始（按哥拉布辛係出自贊木區的多格拉，拉甲甫迭 Dogra Rajput 軍人系統，故稱多格拉王朝）。原約由東印度公司總督哈定 H. Hardinge，以英國政府名義，授權柯利 Frederick Curric 與羅倫斯 Brevet Major Henry Montgomery Lacurance 和哥拉布辛簽定，時爲一八四六年三月十六日，是約乃克什米爾政府與英國殖民地政府間建立關係最早之法律根據，全文共計十條如下：

第一條：根據一八四六年三月九日拉合爾條約第四條之規定，拉合爾邦（按卽錫克教王國）割讓與英國之領土，卽印度河以東，雷維河以西，（包括張巴 Chamba 但拉荷 Lahul 在外）之所有山地及其附屬地區，由英國政府永遠讓渡與哥拉布辛王及其男性後代獨立所有。

第二條：前條讓渡領土之東部界線，將由英國政府與哥拉布辛政府雙方派員共組劃界委員會，經實地勘定後，另以明文劃定。

第三條：依前條規定之領土爲了讓渡與哥拉布辛起見，哥拉布辛應付英國政府七百五十萬盧比，其中五百萬盧比應於本約批准生效之日一次付清，其餘二百五十萬盧比，應在一八四六年十月一日以前或十月一日付清。

第四條：哥拉布辛所轄領土範圍，非得英國政府同意，任何時期皆不得予以改變。

第五條：如遇哥拉布辛與拉合爾政府或其他隣邦發生糾紛時，應卽請求英政府仲裁，並接受英政府所作決定。

第六條：當英軍在哥拉布辛所轄山地或接近其領土處有所軍事行動時，哥拉布辛及其後嗣，應以其全部兵力，提供合作。

第七條：哥拉布辛如不得英國政府同意，不得在其政府中僱用任何英國人，歐洲人或美國人充任官員。

第八條：哥拉布辛在其領土範圍內，必須尊重英政府與拉合王於一八四六年三月十一日所簽條約附款中第五、六、七、三條之規定（按上項附款指租稅、財產、城堡之割讓）。

第九條：哥拉布辛遭受外敵侵略時，英政府當予以援助，保護其領土。

第十條：哥拉布辛承認英國政府的至高無上地位 Acknowledge the Supremacy of the British Goverment（此可證明英人治印時代，克什米爾並未承認英政府在此享有主權 Sovereignty ，連宗主權 Suzerainty 也未載明，雖然在事實上，克什米爾是同意可接受英政府的保護，但在本條中却是使用 Supremacy 一辭）。每年將以馬一匹，山羊十二頭（六公六母），克什米爾羊毛披肩三襲，呈獻英政府，作爲象徵性的貢品。

哥拉布辛憑此約與英建立正常關係後，即銳意經營克什米爾，惟以大戰連年，並未能對人民生活，實際有所改善。一八五七年哥拉布辛死，由其子拉賓辛 Rabin Singh 繼承王位，新王頗能仁民愛物，自奉亦簡，但不夠精明有爲，加以部屬貪污，行政效率甚低，一八七七年空前水災，死亡枕籍，田園荒蕪。一八八五年拉賓辛死，披塔浦辛 Pertab Singh 即位，在位四十年間，尙能有所建樹。此時英派行政專員，對克什米爾政務，從未放鬆監督。一八八九年，外傳帝俄將在克什米爾北部有所行動，英乃建議另組政務委員會，代行王公政權，直至一九〇五年始再還政與王。其間英亦曾給予克什米爾以財政與技術之援助。一九二五年始由其侄哈利辛繼承王位，以至印巴分治時代。我們在沒有繼續敍述多格拉王朝近年在克什米爾的情形以前，此處不妨再看看在公元十九世紀以前的克什米爾。這些的史料，可能有助於我們今日對克什米爾問題的了解。

早在紀元後一世紀，印度孔雀王朝時代，阿育王 Asoka 即曾在克什米爾推行佛教教化，但到了後來，印度教勢力代起，紀元後六世紀時，已不見阿育王時代的建樹了。克什米爾人之獨立自治能力，八世紀時已具表現，這時有卡柯達王朝 Karkota，其第三代名王拉利塔迭雅 Lalitaditya（六九七—七三八），不僅使克什米爾浸浸強大，而且武功極盛。這事値得我們注意，因爲它說明了克什米爾人雖早在八世紀時，已經能自建國家，不僅把內部管理得很好，還曾向國外擴張。他曾遠征中亞細亞，歸途繞經西藏，他帶回大批客卿，多係學者或工藝專家，至今在摩爾坦 Multan（巴基斯坦境，位於白雪華之南 Peshwal），尙留有他所建的太陽寺遺跡，我國高僧玄奘，曾在紀元後六三〇至六四四年間，旅居印度，訪問過克什米爾，在大唐西域記中，曾有如下的記載：「迦溼彌羅國（按即克什米爾），周七千餘里，四境負山，山極峭峻，雖有門徑，而復隘狹。自古鄰敵，無能攻伐。國大都城，西臨大河，南北十二三里，東西四五里，宜稼穡，多花果，出龍種馬及鬱金香，火珠藥草。氣序寒勁，多雪少風。服毛褐，衣白氎。土俗輕慓，人性怯懦。國爲龍護，遂雄鄰境。容貌妍美，情性詭詐。好學多問，衺正兼信。伽藍百餘所，僧徒五千餘人。有四堵波，並無憂王建也，各有如來舍利升餘」。（大唐西域記卷三迦溼彌羅條）。

玄奘訪問克什米爾時，這裏還不見回教的蹤跡，連印度教的戒日王 Harsha（五九四—六四六A．D），也不曾直接控制克什米爾。拉利塔迭雅死後，其孫貝拉雅迭塔 Jayapida Vinayaditya 更潛修內政，講求文治，不過理財技術不見高明，到了紀元後八五五年，即被另一本地崛起的力量所代替，這就是烏打拔拉王朝 Utapala 的阿巴迭巴瑪 Avantivarman。新朝特別注重水利建設，由名相蘇雅 Suya 主持。傳至二代，山卡拉巴滿 Sankaravarmon，又以好用兵，致國庫空虛，民怨沸騰，未得善終。山卡拉巴濤之后蘇乾達 Sugandha，以母后身份，垂簾聽政，圖挽回厄運，却爲貴族近臣所反對，他們會議的結果，另立雅沙卡拉 Yasakarna 爲王，三傳至克希瑪哥布塔 Kshema Gupta，又出了一位傑出的女皇狄打 Ditta，最初也是垂簾聽政，後來率性自立，她以蘇乾達爲前車之鑑，手段又特別高明，居然能維持國祚至一〇〇三年。

十一世紀開始，克什米爾已不復能再維持獨立政權，其時大食已入印度西北。一〇一五年，盤據於旁遮普一帶的瑪罕摩德 Muhmad of Ghazni，曾數攻打克什米爾，結果是兩敗俱傷。一三一五年，有回教冒險家米渣 Shah Mirza 自斯瓦迭 Swat 入克什米爾，在政府中服務，二十年後，米渣稱王，自號席姆士烏亭夏 Shams-ud-din Shah，從此建立回教政權。三傳至察烏阿畢亭 Zain-ul-Abidin，國勢大盛。阿畢亭爲一仁慈、開明、且富有自由思想的統治者，他曾全力肅清匪患，又減輕賦稅，平抑物價，整頓幣制，廣修水利。同時提倡文教，准許人民有信仰自由，婆羅門教及印度教學者亦受重視。阿畢亭擅長波斯文、印度文與西藏文，曾命人將梵文本大戰史詩（Mahabharata）譯爲波斯文。其仁民愛物之風，甚得人民愛戴，故有克什米爾阿克巴大帝之稱，（阿克巴爲蒙厄兒王朝第三代名君，其在印度之地位，可媲美於佛教時代之阿育王）。一四七〇年死，享國五十年。阿畢亭死後，克什米爾又復混亂，至一五四〇年，蒙厄爾王胡馬庸 Humayun 部屬海達 Mirza Haidar 征服克什米爾，一五八六年由阿克巴大帝（Akbar）正式歸併入蒙厄兒帝國的版圖。

克什米爾人民在回教的蒙厄兒王朝治下，初期頗能享受太平之福，自阿克巴，胡馬庸，傑罕基 Jahangir，夏加罕 Shah Jahan 至阿倫齊甫 Anrangzeb 諸代，均呈現着一片昇平現象，特別是在觀光事業的建設方面，著有成效。克什米爾山水之勝，甲於全印，素有東方瑞士之稱，且氣候涼爽，又為避暑勝地，傑罕基、夏加罕兩王，對建築有特殊興趣，獨具慧眼，在克什米爾匠心建設。夏立瑪 Shalimar 與立希迭 Nishat 兩大風景區，即係傑罕基所設計，背山面湖，至今猶為來此觀光旅客嘆為觀止。

十八世紀中葉，蒙厄兒王朝國勢衰微，阿富汗得地利之便，乃乘機而入。一七四七至一八一八年間，阿富汗大王阿亥買德賈多拉利 Ahmad Jhah Durrani 初統一全國，極力向外發展，東進即為印度。一七四八至一七五〇年，數度遠征，終於佔有印度河以東包括俾路支、信德、旁遮普諸省之地。一七五二年復控制住克什米爾，但阿富汗王在印度之軍事擴張，却未能繼之以長治久安的政治建設，一則距其母國過遠，且越境高山重疊，補給極感困難，同時，印度西北部已有前述錫克王拉迪吉辛之興起，初尚能施以羈縻之計，如一七九九年曾封其為拉合爾王，但終仍不敵。一八一三年阿富汗遠征軍為錫克攻敗，一八一九年克什米爾又告不守，從此克什米爾乃轉為錫克王之勢力範圍。以上已說明多格拉王朝統治克什米爾以前的史實演變。其中最值得重視的，是在八至十世紀時代，克什米爾人不僅有他們自己的國家，而且名王輩出，更有了不得的女性政治家，至於回教力量的介入，除阿富汗入佔的一段時期以外，大體也能造福人民，至少不能算是暴政。

現在讓我們再回看多格拉王朝近年的發展。前已述及在一九二五年，哈利辛已繼承王位，這時正在第一次世界大戰後，英國加緊對殖民地控制的時候，英國的政制與西方的生活方式，早已盛行於印度。哈利辛之渴慕西化，當然不是一件奇怪的事。根據一八四六年的阿姆利渣條約，克什米爾不僅爲哥拉布辛及其後代所統治，且其土地與臣民亦爲王所私有，哈利辛很能了解此一意義，回盟的眞納，也深信此一條約所包含的意義，但哈利辛顯然祇注意到外在物質生活，特別對王室生活的西化，也更忽略了克什米爾人民政治意識的覺醒。二十三年以後，他終於無法不被人利用，又被逐出克什米爾，結束了多格拉王朝的命運。這一個大時代的改變，當然不是哈利辛所能預見，所能扭轉的，但是他儘可有運用的餘地。倘使他記取哥拉布辛當年與東印度公司折衝外交的教訓，應不致如此優柔寡斷而致國破家亡的。話說回來，我無意在此支持一個一人之治的「家天下」出現於克什米爾，不過就克什米爾的人民來說，他們當然也更不願選擇一個不屬於克什米爾人民的外國統治者，何況在歷史上，他們確曾立國稱雄呢？

早在哈利辛即位後的第六年，（一九三〇），克什米爾即曾發生有推翻王室的民衆暴動，這一次的暴動，表面上是農民反對政府的苛征暴歛，領導人物是錫罕阿布多拉，但在當時若干英國人的看法，則認爲是受布爾雪維克的影響，（見 The Princes of India By Sir William Barton, London, Nisbet 一九三四、一二七頁），俄人馬兹托 I. Mazdur 雖否認此說，「無足够證據，證明此擧係印度革命組織所策動」，但他却承認：「唯有通過印度共產黨的領導奮鬪，農民始能獲得土地，從封建的帝國主義者的壓迫下，得到解放」。（見 Revolintsionyi Pod'jem v Indü Moscow 一九三三、一八二頁）。錫罕阿布拉係於一九三〇年自印度阿利干回教大學 Aligarh University 畢業回斯林拉迦，隨即號召應予回教人民以更多參政機會，因被指爲發動農民暴動的領袖。一九三一年九月，哈利辛下令逮捕錫罕阿布多拉，並宣佈戒嚴，直到第二年，才予以釋放。年輕的錫罕阿布多拉，亦如當時印度國大黨的領袖們，視入獄爲旅行，且被捕一次，更提高其在政治上的號召力，被捕次數愈多，地位也愈高。出獄後的錫罕阿布多拉，就在一九三二年創建克什米爾回教會議黨 All Jammu and Kashmir Moslem Conference 自稱爲代表全體回民的黨。根據阿姆利渣條約，英國政府有協助克什米爾王公保境安民的義務。一九三二年二月，英軍乃開赴克什米爾，同時復組織了一個調查團，由格蘭西爵士 Sir Bertrand Glancy 主持，名爲研究國民利益的改善，實則在加强對回教會議黨人的鎮壓，此種高壓手段，反而激起了各地的暴動，近在旁遮普的哈赫拉回民黨 Moslem Ahrar Party 也聲援錫罕阿布多拉的活動。（哈赫拉回民黨，是印度回盟以外的另一政治會社，頗接近甘地所領導的國大黨，國大黨並曾以之爲對抗回盟的工具。他們反對成立巴基斯坦，分治後一度沉寂，近年又轉趨活躍）。

一九三四年春，錫罕阿布多拉的同志，旃陀哥蘭阿巴士 Chandhri Ghulam Abbs，仿效甘地作風，準備在克什米爾也發動一次民事反抗運動 Civil Disobedience Movement，但並無結果，而那時哈拉辛，也已經接受格蘭西爵士報告的建議，準備在內政上求有所革新。隨後不久，克什米爾即舉行了一次空前的小規模選舉，組織了邦議會，議員共七十五人，規定其中卅五人由哈拉辛指派，另四十名民選，席次中，又規定有二十一名的回教徒保障名額。錫罕阿布多拉所領導的回教徒會議黨，在首次競選中，即取得了保障名額中的十六席。但顯然並不能發生作用，何況這邦議會在本質上也祇是參議諮詢的性質，根本不是一個眞正代表民意的機構。一九三六年，邦議會舉行第二次選舉，該黨由十六席增至十九席，其在民衆中的號召力顯已增加，但其本身也起了新的變化。錫罕阿布多拉組織黨的口號，原限於爭取回教人民的公平待遇與參政機會，因此有的同志覺得這號召過於狹隘，乃脫黨另行組織新黨，其中最有力量的，便是旃陀哥蘭阿巴士所創立的國民會議黨 All Jammu and Kashmir National Conference，主張不分宗教，共同建立一民有民享的政府。好些重要的領袖，也紛紛改入國民會議黨。錫罕阿布多拉本人，對克什米爾以外的事務，也有了更多的接觸，深知單憑以宗教的利益相號召，不足以增加政治上的影響力，他與同時期在印度從事革命獨立運動的國大黨人士，從此乃有了進一步的合作。一九三九年，他被選任爲全印土邦人民會議的主席，Presidcnt of the All-India States Peoples Congress，因此得與國大黨內的高級首腦如尼赫魯等，保持緊密的聯繫。他的思想領域漸漸擴大，已不限於僅爲克什米爾的回民謀福利，他表示願儘其可能，促成所有印度土邦秩序之重建。這種論調，正是祖先來自克什米爾的尼赫魯的理論。錫罕阿布多拉受尼赫魯的影響頗深，自然就疏遠了眞納所領導的回盟，雖然就宗教的立場來說，他們本應該是密切合作的。

回教徒會議黨與國民會議黨在克什米爾的對立地位，互不協調，頗類似國大黨與回盟之在印度，所不同的是國大黨企求印度之獨立，回盟則要求創建巴基斯坦，而克什米爾的兩大政黨，則同樣的祇要求結束多格拉王朝的一人之治。他們嚮往於一個自由獨立的國家型態，由他們所代表的黨來執政，至於加入印聯抑巴基斯坦，當時是並不會考慮的。不過，他們所奮鬪的目的，卻與國大黨及回盟之獨立建國運動有不可分的關係。印度和巴基斯坦若要獨立自由，則必需英國政權交還與印。英國政府與克什米爾的王公有條約的義務關係，事實上，英國政府且在克什米爾享有宗主權，一旦英國撤離印度，則克什米爾的王公亦必失所憑藉，而一人之治也就可以結束了。錫罕阿布多拉與旃陀哥蘭阿巴士等，爲了此一共同認識，故樂與印巴兩國同在革命期中的政治領袖們合作，誰又料到昔日革命期中合作的朋友，到今天却爲了攫得克什米爾的領土，反而將錫罕阿布多拉逮捕，且又盤踞在克什米爾，假克什米爾人民之名，奪取其領土與統治權呢？

第三章　湖山秀美而又是戰略要地

斯林拉迦，克什米爾的首邑，不僅有着天然的美，更有旅行者所需要的各種現代化設備。每年從灼熱的印度平原及世界其他各地來此避暑遊覽的人，何止萬千。蒙厄兒王朝的風流天子傑罕基與夏迦罕，首先在這裏留下了精心設計，再加上近百年英國人加意的維護，使這海拔八千七百英呎的山城，竟成了舉世馳名的東方瑞士。

早在一九〇二年，自印發兵入藏，迫藏立城下之盟的英將榮赫鵬 Sir Francis Younghusband，對克什米爾已曾讚口不絕，並且留下專著。也許是看定了克什米爾，具有最高的戰略價值，東入西藏，北窺新疆，最爲便捷，但是他在所著克什米爾 Kashmir 一書中，却寫的是山水之美，還附有摩利洛克斯 Edward Molyneux 的名畫，印刷尤其精美。這位摩利洛克斯，也是一位英國軍官，但他有着藝術的天才，行縱遍印度西北，他們所到的地方，常是旁人所不易達到的，所以能留下不少卽景的佳作。榮赫鵬在登山紀事中，曾這樣寫着：「晨光稀微中，我開始登山。四周靜悄悄的，祇見一片朦朧，接着藍黑色的天空，纔慢慢現出了魚肚白，山色也隨着我們一步一步的登高而顯得清新了。凌晨的山景，使我感到堅定而安祥。除了偶爾聽到有一兩對早起的黃鸝，在彼此招呼着她們的伴侶。我們趁着晨光，趕緊爬上了一個山峯，從灰白的晨曦中，突從遠處射過來一線玫瑰紅，凝神細望，原來是朝陽昇起前，投向遠處山巔的反射」。(Two Nations and Kashmir by Lord Birnwood 1956 Robert Hale Ltd. P. 19)。

我國前駐印大使羅志希先生，在他的心影遊綜集裏也留下不少欣賞克什米爾的吟咏。下面幾首，最是傳神：

薄暮泛舟游達爾湖（Dal Lake）（四周環山，湖水澄鮮，風景妙麗，所乘爲舴艋小艇，當地名之曰釋迦拏 Shikkara，首尾尖銳，中僅容兩人並臥，舟尾打槳者可多至四人，其疾如飛。）

紫霞分縷緣山翠，小艇夷猶逞晚妍，望到水天無縫處，鑽天楊鑽水中天。

凉山苹末晚風多，臥看天孫織綺羅，瀲灩爲經霞作緯，釋迦拏艇擲如梭。

湖山心情

雪峯皎潔翠湖清，人在琉璃面上行，心似眞空無物我，情同太上絕痴嗔。

雨後重遊達爾湖

羣峯飛舞白雲巔，共賞明湖雨後妍，一棹穿烟撲清翠，鏡中人上畫中天。

惜別達爾湖

烟雲峯頂起香爐，嫩草閒花着意舖，一拱小橋橫臥水，此間情意近西湖。

遊樂園（Nichat Bagh or Pleasure Garden）

台榭明妃址，（按園極精雅，爲蒙卮兒王傑罕基之名后奴家罕所建，）湖山大帝風，池還雙鬢綠，花謝滿襟紅。

天藍幕覆錦茵場，物我無心竟兩忘，何事一枝頻把弄（入園時，園丁獻淡黃玫瑰一朵），淡黃玫瑰襲人香。

幽景難爲別，重遊興意濃，山添浴雨翠，花發醉人紅。

蝴蝶花前倦蝶飛，牽牛藤畔慢牛歸，夕陽沉到藍湖底，羣動偏知漸息機。

遊耶朗河　（河穿斯林拉迦，小舟打槳往來，宛似威尼斯，兩岸樓台，一溪烟月，入浴婦女於暝色中，泛泛若鳧雁，余所乘釋迦拏小艇，順流而下，其疾如飛，計穿六橋，則又不期然而聯想西湖之勝景。）

烟月蒼茫帶晚潮，夾溪樓館半蕭條，何心窺伺嬌嬈浴，一棹如飛過六橋。

印度總理尼赫魯，來自克什米爾，却要到一九四〇年，方纔有機會去領略這兒的湖山之美。他在遊記裏曾這樣寫着：「像那絕代的佳人，她們的美，不是屬於人間的，是超過世人所能想像的。克什米爾的翠谷溪流，碧湖花木所顯露的女性之美，正是這般。她的美妙，尚不止此。這兒更有着削壁高峯，冰川雪嶺，健與力的男性美。她有着千百種的面貌，數不清的形像，它又在瞬息萬變，有時若嬌嗔，有時又若悲不自己……。當我看到她，我像是置身夢境，覺得那不是眞實的。又似乎是在夢中看到了親愛的人兒，一轉睫便飄然而逝」。(Jawarharlal Nehru By Frank Mores Macmillan 1956 P. 380)。

一位法國學者，浮歇爾 M. Foucher 對克什米爾的美，更作了進一層的分析：「讓我再進一步說出我認爲克什米爾其所以美妙的道理。這道理是大家都想知道的，雖然未必大家都試作來分析。它決不能僅由於它有着參天的樹木，有着清可見底的明湖，有着白雪皚皚的山巒和在那冷清清的柔和空氣裏，無數溪流所發出來的潺潺水聲，也決不會是僅僅因爲這裏更有着巨大的古代建築，雖然馬爾坦得 Martand 的古蹟，依舊矗立在卡利瓦河邊，足可與希臘古廟媲美；雖然帕雅 Payar 的精巧神龕，由十塊巨石彫鑿而成，正像那利西克那底斯 Lysicrates 一樣的精美。我們也不能說祇是由於自然的風景，又加上了人爲的藝術，因爲在其他國家也同樣找得出設計很好的建築，點綴在風景區域。但是在克什米爾，我們却能看到兩種美的自然蹂合，而且它本身就充沛着一種奇妙的生命，輕輕地在我們的耳邊細述，它帶我們進入更深遠的領域，有意無意間，領着我們又囘到那詩人筆下的遠古時代，當世界還在年青的時候」。(The Discovery of India By J. Nehru Meridian Books Ltd. 1956 P. 570)。

尼赫魯在他的「發現印度」一書裏，提到克什米爾時，也贊同浮歇爾的看法，他說：「有些人常在談論着自然的美，偶而也利用週末，帶着滿身的世俗，到鄉間去蹓躂。可是他們並不眞與自然接觸，也沒有絲毫的感受，祇因爲聽人說，遊山玩水是好的消遣，所以跑了一趟囘家，也不過贊嘆兩聲好呀，美呀的就完了。正像他們試想着去欣賞古雅的詩篇，或是某一名家的作品，花了不少的氣力之後，結果還是換上了一些隨便看看的小說或偵探故事之類。他們不是大自然的兒女，像那古希臘人或者印度人一樣，他們祇像陌生人唐突地去拜訪一家遠親，因此他們也得不到那種體驗，能融和在大自然的豐富而又多變的生命裏。他們不像我們的祖先們，能夠自然地吸收着大自然所輸送給他們的活力。這有甚麼奇怪呢？大自然當然不會把他們看爲自己的兒女。當然我們不能囘到原始的時代去生活，但也有時我們還能感覺到大自然的神秘，聽得到它生活和美麗的歌唱，我們祇要有耳，無處不可以聽到。但是在有些的地方，由於它的吸引力，能使那些縱然不打算聽的人也會聽得見，也會啓發我們那似乎深藏但極靈敏的某種官能。在克什米爾，就是這樣的一處勝地」。(Jawarharlal Nehru the Discovery of India 4th edition P. 570)。

到了克什米爾，當然不妨採取尼赫魯的方式，去探尋大自然的神秘，發懷古之幽思，也不妨學那桀赫鵬，登高遠眺。其實，深山狩獵，這兒正是展現身手的場所，月夜泛舟，更有寫不完的詩情畫意。情侶們留連在夏立瑪與立希迭的公園裏，有的是特寫鏡頭，喜愛採訪民俗收集土產的客人，更不妨去接觸那些樸素而又好客的克什米爾居民，到斯林拉迦的土產店裏去選擇舉世馳名的毛織品與皮貨。要消磨一個暑中的假日，在這裏是最易打發不過的。

從德里到斯林拉迦，每天有定期的印航班機，四小時十五分鐘可達，中途在阿姆利渣與贊木加油兩次，票價不過一百一十盧比。也有從孟買、加爾各答、德里開赴帕撒柯迭 Pathankot 的火車，從此改趁公路車或飛機去斯林拉迦，裝有調劑空氣設備的火車，自德里出發，取費也不過五十三盧比。倘使時間充裕，更可改乘公路車，沿途欣賞。從德里到斯林拉迦，全程五六四英里，中途可參觀安巴拉 Ambala，約朗多 Jullundur 帕撒柯迭，Pathankot 與贊木 Jammu。

除了賞玩克什米爾的山光水色，這裡別饒風味的，還要算那特具一格的船房 House boats，幾乎很少遊客至此而不租住船房的。在耶朗河畔與達爾湖面，浮載着無數這種大小的船房，夜晚是最舒適而又帶有羅曼蒂克意味的居室，白天又可以徐徐解纜航行，視線所及，都是詩情畫意的景色。最大的船房，長達一百二十五英尺，寬二十英尺。裡面包括臥室客房，餐廳，涼台，浴室，衛生設備等。玻璃的門窗，精工的彫刻，並有電燈與冷熱水供應，每一艘船房附着有一隻小的遊艇，還有廚房船與工人住船，租金特種每月八百盧比，餐費每日三十盧比。最簡陋的一種，每月也索價三百五十盧比。租金中包括四個工人的工資及電費與遊覽費等。租住這種船房，當然較旅館昂貴，但是每逢夏季，「帶着滿身俗氣」而來的富商巨賈，却搶着在幾個月以前，就向克什米爾的觀光局預定船位了。臨時來此的外地遊客，還不容易租得到船房呢！

克什米爾的山水迷人，它的戰略價值，更受人重視。從地理的位置，人口的分佈與特性，經濟條件與鄰邦的關係，就可以充分看出它在平時，特別是在戰時，所具有的戰略意義。對印度和巴基斯坦兩國來說，都認爲克什米爾是他們在國防安全上所不可或缺的重要部分。

地理的位置最明顯，克什米爾位於印度半島的最北端，又是喜馬拉雅山的最西邊，當北緯三十二度十七分至三十六度五十八分，東經七十三度二十六分至八十度三十分，屬於高原地帶。四周邊界：東爲我西藏，東北爲新疆，交界線長達九百英里，其中尚包含若干中印未定界。西北爲蘇俄與阿富汗，西爲巴基斯坦，南接印度的山地省與旁遮普省。面積達八四、四七一方英里，僅次於海德拉巴 Hyderabad，在印巴分治前，居印度第二大土邦地位，其行政區劃分爲贊木省，克什米爾省與邊遠區三大部分，各部分所佔面積如左：（一九四一年印政府統計報告）

省區	面積（方英里）
贊木省 Jammu Province	一二，三七八
一、贊木區 Jammu District	一，一四七
二、卡索亞區 Kathua District	一，〇二三

三、烏丹坡區　Udhampur District	五，〇七〇
四、雷西區　Reasi District	一，七八九
五、密爾坡區　Mirpur District	一，六二七
六、陳拉里雅基　Chennani Jagir	九五
七、旁溪雅基　Poonch Jagir	一，六二七
克什米爾省　Kashmir Province	八，五三九
一、巴拉莫拉區　Baramula District	三，三一七
二、安那迭那格區　Anantnag District	二，八一四
三、摩查法巴德區　Muzaffarbad District	二，四〇八
邊遠區　Frontier District	六三，五五四
一、那達克區　Ladakh Districts	四五，七六二
二、鴨士多區　Astore District	一，六三二
三、吉爾吉迪區　Gilgit Disrict	一，四八〇
四、吉爾吉迪特區　Gilgit Agency	一四，六八〇
總計：	八四，四七一

此一地區合印度全部面積的十五分之一，約爲巴基斯坦的四分之一。倘印度併有克什米爾，則其西北

國防，可據喜馬拉雅山以爲天然屏障，且東入西藏，北進新疆，更較其他地區爲便捷，復可使巴基斯坦東西兩部分領土，更不易密取聯繫；反之如巴基斯坦能合併其地，則印度西北咽喉，實已落入巴基斯坦手中，德里心藏地帶，亦暴露於國防第一線。加以西旁遮普如獲此走廊地帶，東與東孟加拉省聯繫，至少可縮短八百英里的距離，用以加强巴基斯坦本身的統一團結與安全，顯然具有最大意義。在自由世界與共產國際對壘的今天，蘇俄南入印度洋，克什米爾正是印度半島上的第一站，（有關蘇俄對本區的外圍部署與滲透活動，留待第十章細述）。另一方面，巴基斯坦已是東南亞反共公約與巴格達公約中的重要回教國，又是中東北區聯防東翼的中心，倘其防線因克什米爾之合併得延伸至尼泊爾邊境，則無異在中國大陸的西南方，增加了一連串的反共基地，因此克什米爾的前途，當然也爲自由世界所關切。

克什米爾有人口四百餘萬，平均每一方英里有四十八人，其中百分之十居於都市，餘皆散佈於鄉村，就語言，文字與種族來看，贊木省與克什米爾省，可劃爲同一類別，因其多係使用克什米爾語文，且屬於雅利安人種，但拉達克區則純粹使用西藏語文，且爲藏族，而吉爾吉特區人民的語言文字與生活習慣，又接近我國新疆的徼吾爾族。這四百多萬的人口，受自然地理環境的影響，每一區域的地方色彩特別濃厚，平日甚少接近的機會，不容易形成團結統一的觀念意思，而社會上貧富懸殊，統治階級與被統治者間，又存在着明顯的界限，加以宗教信仰的壁壘，所以發生的問題，也比較複雜，依一九四一年印度政府的統計，其各區人口與宗教信仰的統計如下：

地區	回教居民	非回教居民	總數

贊木省：	一、二一五、六七六	七六五、七五七	一、九八一、四三三
贊木區	一七〇、七八九	二六〇、五七三	四三一、三六二
卡索亞區	四五、二一四	一三二、四五八	一七七、六七二
烏打坡區	一二八、三二七	一六五、八九〇	二九四、二一七
雷西區	一七五、五三九	八二、三六四	二五七、九〇三
密爾坡區	三一〇、八八〇	七五、七七五	三八六、六五五
陳拉里雅基	二、二〇五	九、五九一	一一、七九六
旁溪雅基	三八二、七二二	三九、一〇六	四二一、八二八
克什米爾省：	一、六一五、四七八	一一三、二二七	一、七二八、七〇五
巴拉莫拉區	五九〇、九三六	二一、四九二	六一二、四二八
安達迭拉克區	七七八、六四四	七二、九二三	八五一、六〇六
馬查法巴德區	二四五、八五八	一八、八一三	二六四、六七一
邊遠區：	二七〇、〇九三	四一、三八五	三一一、四七八
拉達克區	一五四、四九二	四〇、九三九	一九五、四三一
鴨士多區	一六、八七八	一四八	一七、〇六二
吉爾吉迪區	二二、二九六	一九九	二二、四九五

吉爾吉迪特區	七六、四二七	九九	七六、五二六
總　計	三、一〇一、二四七	九二〇、三六九	四、〇二一、六一六

依上述人口的統計，回教籍的居民，實佔百分之八十。其他尚有信仰印度教，錫克教與喇嘛教的，不過所佔比例極小。一個國家或民族，信仰某一種宗教的人民，在全體中佔百分之八十以上的，本非希罕，通常也並不因此而發生嚴重問題，但在克什米爾的情形，顯然不同。一則因爲印回及錫克教等宗教集團，他們彼此之間，在印度和巴基斯坦，早已是水火難容，印巴分治後的大仇殺與大動亂，首先即開始於宗教信仰不同的居民之間。克什米爾與印巴爲鄰，自然受有此種不良感染，何況更有雙方所派的工作人員，從中煽動宗教的仇恨。另一方面，巴基斯坦是以回教立國，且僅因爲宗教信仰之不同，遂唱印回乃係兩個不同民族之說，自行建國，克什米爾既以回教居民佔絕對多數，自可援引爲合併於巴基斯坦的有力根據，此所以克什米爾人民的不同宗教信仰，演變成爲不安因素之一，很是值得我們注意。本書所列該邦人民統計資料，特別採用一九四一年的官方報告而不取印回分治後任何一方面所發表的數字，就因爲雙方皆跡近誇大，似難採信。

贊木與克什米爾，在自然地理，人文地理經濟地理上，本非一個完整無缺的整體，它祇是在一個王公的統治之下而已。單從上述行政區劃來看，即反映出它不調和的複雜性。沿巴基斯坦邊境的劈爾旁迦區，即俗稱的贊木，乃是一片低窪的冲積平原，自北而南，遂漸隆起。本區每年平均雨量達四十英寸，是整個克什米爾唯一受雨季影響的地帶。至於克什米爾山谷，是在耶朗河的上游，西南爲旁迦山，東北爲喜馬拉雅山，形成一個與他區隔離的特殊地區，區內土壤肥沃，居民操克什米爾語，特產以林產與手工藝品爲主。遊覽觀光業頗發達，農業有賴於灌溉，全年平均雨量爲二十六英寸。

除贊木與克什米爾山谷外，另有所謂邊遠地區，包括吉爾吉迭，巴爾迭斯坦，拉達克等地，佔整個克什米爾面積的四分之三，但僅有人口三十萬。其中吉爾吉迭人屬巴丹族，與阿富汗及巴基斯坦西北邊省的部落民族，在語言文字上極相近，經常往來於阿富汗，巴基斯坦與克什米爾之接壤的城市間，從事駝商貿易。此類巴丹族雖同屬保守的回教徒，但在政治思想上却傾向於富有自由色彩的巴基斯坦人。

克什米爾居印度河上游，自然最接近巴基斯坦，全境北部地區的雨水，皆滙向印度河及其支流。山谷地帶西南部份的河流，也是流向巴基斯坦境內的印度河。印度與克什米爾之間，橫亙着劈爾旁迦山，但巴基斯坦與克什米爾之間，却祇隔着一條耶朗河。克邦人烟稠密的肥沃之區—山谷地帶與西南部分，都無異張臂迎向巴基斯坦。至於拉達克部分，雖偏在東北，但由於崇山峻嶺阻隔，也不能籍印度河在地理上與克什米爾聯成一體。

再次談到交通。一九四七年印巴分治時，克邦境內的唯一鐵道與兩條公路，皆與業已歸併巴基斯坦的地區的運輸系統相啣接。境內的航運與灣溉，也與巴基斯坦不可分割。自克邦首邑西行，沿耶朗河流域，過巴拉摩拉山隘，再折向南，經拉瓦平底，與巴屬旁遮普省交通網啣接的公路，就是一條運輸量最大的主要幹線。自贊木城伸向克邦境外的一條僅十六英里長的鐵道，也是以巴國境內的錫爾柯迭爲終點的。至於從贊木運向克什米爾山谷的一條巴力哈卡公路，越巴力哈山隘，蜿蜒於九千二百英尺的高山之上，祇能算是輔助的運輸線，且常爲大雪所封。

最後談到經濟的關係，克什米爾無疑是一農業邦。它與巴基斯坦間的依存關係，極爲密切。我們根據印巴分治前克邦的經濟統計資料來分析，可以很清楚的看出下述三個特點：第一、所有進出口貨物，雖多係以印度爲主，但幾乎全部係經由巴基斯坦吞吐轉運。例如進口貨中，印度的紡織品居第一位。印度的糖居第三位，又出口貨中佔首位的木材及佔出口第二位的硬菓與蔬菜等，亦多以印度爲市場，但上述貨物多係經由巴基斯坦海港與鐵道輸送。第二、克什米爾觀光業極發達，每年收入可觀，前來克邦避暑消夏，或旅行狩獵的旅客們，百分之六十五，係來自印度，但又多係取道巴基斯坦出入境。第三、克什米爾境內水力豐富，不僅可用以灌溉，更可建設大規模水力發電。巴基斯坦境內的旁遮普與信德兩省，其農田有賴克什米爾的水源灌溉，而電力之擴建，尤賴克什米爾之合作。

這以上所舉經濟的因素，又說明了巴基斯坦與克什米爾的相互依存關係。

第四章　印巴分治前後

一九四二年八月七日，印度國大黨在甘地領導下，曾發動了一次全國性的反英運動，在孟買舉行的國大黨中央執行委員會中，通過了「英國人滾出去」的決議，接着甘地諸人被捕，但印度各地的反英運動，却反而因此更加活躍。到了一九四六年三月，英國政府乃不得不派遣內閣代表團，由商務大臣克里浦斯 Sir Stafford Cripps，印度事務大臣勞倫斯 Lord Pethick Lawrance，與海軍大臣亞歷山大 A. V. Alexander 組成，前來印度，尋求政治解決的途徑。內閣代表團當時所提出的折衷方案，是在印度成立一個聯邦性質的自治政府，由英屬印度各省及土邦分選代表，參與行政及立法的工作，除國防、外交、交通及其處理此三者所需之財政權外，其餘政務，概由聯邦自治政府管理。這一方案，就是後來成立印度臨時政府的張本。此時內閣代表團所磋商的對象，包括英屬印度各省的重要政黨，而以國大黨與回盟爲主。印度要求自由獨立的願望，至此，曙光初吐，而各土邦內的革命勢力，也深受影響，蠢蠢欲動。

前章已述，克邦境內，有回教徒會議黨與國民會議黨的組織，且與英屬印度各省的革命獨立運動，暗通聲氣。內閣代表團抵印後不久，克邦回教徒會議黨主席錫罕阿布多拉，即公開向代表團發出通電，聲稱其奮鬪目的，「不僅爲了要建立一個向人民負責的政府，而且要從專制統治下，爭取絕對的自由。一八四六年的私相授受（按指阿姆利渣條約），給克邦人民帶來了無比的災難，祇要留心人民的生活，就可以一目瞭然。」隨後，錫罕阿布多拉，在克邦發動「從克什米爾滾出去」的抗議運動，因而於五月二十日被捕。尼赫魯企圖進入克邦，營救錫罕阿布多拉，亦中途折返，毫無結果。

與回教徒會議黨立於敵對地位的國民會議黨，此時頗想擴大該黨的聲勢。雖然他們也反對多格拉王朝的一人之治，但是由於他們不支持錫罕阿布多拉，乃無異反替克邦王公幫了忙，不過，這也只是暫時的。到了這年的九月，國民會議黨也宣佈採取直接行動（按印度臨時政府已於九月二日正式成立，以尼赫魯為副主席），並要求釋放錫罕阿布多拉，結果，該黨領袖旃陀哥蘭阿巴士也被捕入獄。

克邦王公哈利辛，對於印度臨時政府的成立，以及土邦內兩大政黨領袖的被捕，顯然還沒有看出這兩件事對克邦未來的前途，有着深遠影響。他當時所關切的，祇是三個問題：一、極力防止從土邦以外進來的革命影響力量。二、設法撲滅土邦以內的政治危險份子。三、全力保持土邦的獨立性與多格拉王朝的延續。他沒有想到：一個獲得自由後的印度政府，將必運用克邦境內的錫罕阿巴多拉，使克邦成為印度行政範圍內的一部份。同時巴基斯坦也將利用克邦內回教籍居民佔絕對多數的因素，迫使其加入巴基斯坦。因此，縱然哈利辛有其充足的理由，說明克邦具有獨立的資格，但事實上要維持土邦內獨立的王權，是近於不可能的。英國尚且須交出政權，從印度撤退，這托庇於英國勢力的土邦王朝，如何能不樹倒猢猻散呢？歷史的演進，已到了一個嶄新的時代，祇是哈利辛不敢面對現實，承認現實！

當然，哈利辛亦有其法律根據，來支持他們的如意夢想，這法律根據，包含在下述四個主要的文件裏，它們是：

一、內閣代表團一九四六年五月十六日聲明：「這是很清楚的，當英屬印度各省獲得獨立以後，不問其是否仍在不列顛聯邦之內，所有土邦王公與不列顛皇之間的現行關係，將不可能再存在。不列顛皇將不再在土邦掌有太上皇權 Paramountcy，但這太上皇權也不能交與新印度政府。」

二、內閣代表團一九四六年五月二十二日致全印土邦王公會議關於土邦條約與太上皇權的備忘錄：「當一個或數個享有充份自治或完全獨立的政府成立時，皇家政府將停止執行太上皇權。即各土邦基於其與不列顛皇的關係所得到的一切權利，將不存在，同時，如土邦已交與太上皇權代為執行的所有權力，亦將交還與土邦。各土邦與英皇及英屬印度間的所有政治安排，從此結束，以便其再與英屬印度所成立的新政府，進入聯邦式的關係或作他種特殊性的政治安排。」

三、全印土邦王公會議一九四七年一月二十九日接受內閣代表團備忘錄的決議文：「各土邦加入印聯（按此時尚未正式提出巴基斯坦，故通稱印聯，即假定為一個政府），必須也祇有經由雙方的談判磋商，而最後的決定權，仍操之土邦，且須在研究全盤局勢後，方能作此決定。加入印聯的土邦，將享有原屬太上皇權所交還的權力。因此，擬議中的印聯政府，對土邦僅能依照各邦所賦與或讓渡的權力執行任務。除此以外，各土邦仍繼續保有其主權及他種權利。這些權利，且無需追究其係來自繼承或委託的方式，除非另有新的協議，各土邦的現行邦憲、領土、王公繼承法及關稅等，將不受印聯或印聯中任何一部分的干預。」

四、一九四七年七月十八日經英皇簽署的印度獨立法案，其中有關土邦部份的規定：「兩自治領（指印度和巴基斯坦）宣佈成立之日起（一九四七年八月十五日），英政府即解除其對英屬印度各省所負之一切責任。英皇在印度各土邦之太上皇權與各土邦或王公所訂立之一切條約協定，所有的責任，所有應享的權利與應盡的義務，所獲的特權或所予土邦的津貼與補助等，一律終止。對其他印度境內之部落亦然。但各土邦或部落內之交通、郵電、關稅等項，在新辦法尚未頒行前，得暫時維持。」

根據這上述四種文件的內容或涵義，很清楚的，克什米爾亦如其他土邦，從一九四七年八月十五日起，自有權自擇其前途：加入印、巴任何一自治領，或作其他政治性的安排，不過這是就白紙黑字的法律條文說的，（其實祇有第四項文件，即印度獨立法案，具有法律意義，其他三種文件，儘管土邦王公們或認爲具有效力，而實際上却不足以對印、巴兩自治領，發生絲毫拘束力）。事實上，徒憑法律條文的解釋，並不能保障各土邦的前途，這是十分明顯而自然的。

舉印度爲例，當時甘地就會表示異議。緊接着蒙巴頓總督以副皇地位於七月二十五日召集全印土邦王公會議之後，第二天甘地就在晚禱會中發表了他的意見。他認爲副皇能將王公們所處的地位，早作說明，這是很對的，而且副皇所說的話，大體上似乎也很正確。任何人都知道，直到現在，印度的王公們是躲在英國的鎗桿下討生活的。英國人握有太上皇權，英國人和土邦的王公，締結了若干的條約。王公們必得遵守條約的規定，有的甚至無權任命土邦的首相。但是現在這個太上皇權就要撤消了。有如副皇所說，從今起各土邦在法律上和技術上，有了獨立的地位了，因爲這太上皇權並不交還與任何一個自治領。副皇也曾表示各土邦最好能加入任何一個自治領，不要自行孤立。甘地認爲土邦而欲想維持獨立生存，那是很可笑的。英國人當然不能强迫土邦加入任何一個自治領，英人强迫的時代已經過去了，不過副皇却勸土邦就地理的位置加以考慮，最好是早作選擇，早作決定，加入一邊。(Mahatma By D. G. Tendulkar Vol XIII P. 73 Times of India Bombay) 到了印度獲得自治領地位以後，這年的十月二十二日，甘地又警告各土邦王公，決不可再夢想做專制魔王，他們得尊重人民的意志。不管他們的土邦，位於印度何地，別以為他們就可以為所欲為，那將是絕對錯誤的。

一九四七年六月十五日，印度國大黨全國代表大會，曾就此通過一項決議，聲稱「將不承認任何一土邦，有宣佈脫離印度自行獨立的權力。倘使他們竟膽敢如此宣佈，那就是對億萬印度人民宣戰」。尼赫魯唯恐有其他外國，承認印度土邦的獨立地位，乃以兼外交部長地位，又正式發表聲明謂：「如有任何外國承認這種獨立，那麼我們不管這是甚麼國家，不管是為了甚麼緣因，都將視之為對印度的不友好行為」。兩天以後，印度法律部部長阿比得卡博士，還援用英國憲法的精神與國際法的解釋，對英國太上皇權撤消後的土邦地位，加以法律性的說明，他說：「土邦儘管保持着他們的所謂主權，但決不能成為獨立國，在印度自治領仍留在不列顛聯邦之內是如此，在獨立後的印度共和國內，更是如此，所有土邦都得承認印度的宗主權」。(An Advanced History of India By K. Datta, Macmillan and Co. Ltd. London P. 999)

這時印度境內的土邦，根據一九二九年的官方報告，計共五六二個。佔面積一，五八一，四一〇方哩，合印度總面積的百分之四五。分治後依地理位置被劃在印度自治領境內的有五三五個，面積凡五八七，八八八方哩，有人口八八，八〇八，四三四人。合印度自治領全部面積的百分之四五，(見拙著印度獨立與中印關係二八二頁）。換言之，印度自治領如能合併這些土邦，其領土將增加一倍，人口也可增加三分之一。

一九四七年七月五日，印度自治領中央政府中，已設立有土邦關係部，由國大黨宣傳組織部部長即印度政府內政部部長巴迭爾 Sartar Patel 主持。當時所採取的策略，很明顯的分爲三個步驟：第一，在製憲會議未完成製憲並行憲以前，根據土邦歸併條例 Instrument of Accession，凡加入印聯的各邦，除國防、外交與交通外，其他權力仍爲土邦所有，王公權益不變，促其早日歸併。第二，凡行動猶豫而態度不明土邦，則利用民主政治號召，使國大黨力量滲透入境，煽動邦內人民，要求成立對邦民負責的政府，同時印聯則加緊對此項土邦的經濟封鎖。第三，就已加入的土邦，依其地理位置與經濟關係，使其由多個不同的小邦，合併爲一土邦集團，或使之與鄰近的印聯省區合併。一九四八年三月十五日，印聯土邦關係部會就此作如下的說明：

「在我們方面，並不願意採取任何強制手段，迫使土邦合併，如果他們希望維持自治單位的地位，我們將並不反對。但如土邦內的王公和人民，樂意使之和印聯省區或鄰近土邦合併，自然我們是不會不同意的………那些想維持自治單位的土邦，他們境內的邦民，很明顯的將不斷要求早日成立負責的政府。我們希望這些王公們，趁早結好於民，趁早決定加入，不要徒然反抗民意。」

印度的政策和作法，已是如此的明顯，克什米爾的王公哈利辛，事先應非毫無所悉，但他優柔寡斷，不願面對現實。外在的形勢，如此惡劣，內部的人民又並不支持他的政權，可是他依舊不願放棄其維持王權的夢想。依照一八四六年阿姆利渣條約及其補充條款的規定，一百年間，是由英國負責克什米爾抵禦外來侵略的責任，至於邦內的治安，則仍由土邦保安隊自行負責，不過保安隊所需武器軍火，依規定却須向印度購買。保安隊的勢力，僅有騎兵一團、步兵九營。一旦英國的太上皇權撤消，英國軍隊就不能再爲克邦負起捍衞領土的責任了，這支裝備不足的保安隊，要同時負起對內對外的戰鬥任務，顯然是極感不够的，更那裏談得到要保障「獨立」的克什米爾？所以負責克邦政府軍事顧問的英籍軍官，早曾建議哈利辛應早爲之所，但王公却遲遲未採取行動。一九四七年六月初旬，蒙巴頓應邀訪問克什米爾，已曾將全盤情勢，坦率告知哈利辛，而且據强生君的記載（見 Johnson: Mission With Mountbatten），蒙巴頓並曾保證，代表印度政府處理土邦事務的土邦關係部部長巴迭爾，將不致以什米爾之加入巴基斯坦爲不友誼行爲。一九四八年六月二十八日，蒙巴頓在倫敦東印度協會演講時，亦指出：「如果在一九四七年八月十五日以前，克什米爾決定了加入巴基斯坦，當時未來的印度自治領政府，且已同意我向克什米爾王公提供保證，印度是不會反對的。不幸哈利辛王公，却選擇了不早作任何決定的決定。」就在分治以前不久，蒙巴頓仍派伊士邁 Lord Ismay 以留克邦養病之便，勸哈利辛權衡得失，速作決定。但每一談到實際問題，哈利辛便支吾其辭，所以毫無結論。一直到了分治前三日，哈利辛方宣佈願與印、巴雙方均簽立一項臨時協定，巴基斯坦當即接受此一建議，印度却未作答覆。

此一所謂臨時協定，是按照分治辦法規定的，即在任何一土邦，如不能在短時內，決定加入那一個自治領，即可分別與兩自治領，先成立臨時協定，俾英治印度時所與土邦已建立的郵、電、經濟關係，照舊維持。這種協定，在法律的意義上，並不包含有加入任何一自治領的意義，可是在巴基斯坦方面，則認爲克邦之歸併，應屬不成問題，故立卽答允，並在克邦境內繼續維持原有的郵、電、與經濟關係，不過並未經過正式簽立協定的手續，祇是經過電報表示同意。他們或以爲既然在事實上能維持郵、電與經濟的聯繫，至於國防與外交權，將來自可進一步取得，何況印度並未接受簽立臨時協定的建議，是其情勢，完全有利於巴基斯坦。印度方面的看法，却並不如此，他們認爲這樣的臨時協定，根本無實際意義。其所作的決定，如不得克邦人民的同意，也是不能發生效力的。不過，兩個月後，同樣的是哈利辛的要求，也並未獲得人民的同意，却爲印度所接受，因爲哈利辛這次是要求加入印聯。

我們不難發現巴基斯坦在此時所採取的步驟，似近矛盾，而致坐失時機。眞納當時原以哈利辛爲交涉對象，似認定祇須克邦王公允可，則其加入巴基斯坦，應屬決無疑問。但克邦王公建議與巴基斯坦成立臨時協議後，巴方並未促其舉行正式談判，或作進一步的磋商，又未設法消除眞納與錫罕阿布多拉間之舊嫌，充分運用當時有利於巴基斯坦的民意。到了分治以後，巴基斯坦鑒於哈利辛之瞻顧徘徊，乃減少對克什米爾之物資供應，希圖以經濟壓力，迫使其就範。此種措施，反而激起了克邦王公的反感。巴基斯坦首相里阿瓜阿里罕於十月二日要求哈里辛派代表舉行經濟談判，亦遭拒絕。接着便發生了旁溪區的內亂。

旁溪區隔耶朗河與巴基斯坦的拉瓦平底 Rawalpindi 遙相接壤。旁溪區是克什米爾境內的一小邦，邦主爲一小的印度教王子，對哈利辛王公效忠，但邦民全部爲回教徒。一九四七年春天，當地回教居民，拒絕向克什米爾王公納稅，他們認爲旁溪區王子實無權憑其所謂法律，迫居民向克什米爾王公繳稅。這些居民之中，更有不少係第二次世界大戰期中的退伍軍人，他們的反抗，不久就成爲有組織的行動。克邦軍隊會來此鎮壓，但爲地方勢力所驅逐。因此，旁溪區遂由伊布拉興 Sardar Mohammed Ibrahim 成立了一個臨時性的「政權」，通稱阿薩德政權，（自由政府）聚集有村民約三萬人，企圖從多格拉王朝的剝削統治下，尋求解放。這些人初無大志，並不想整個推翻多格拉王朝，他們的活動範圍，也限於旁溪及其鄰區米坡 Mirpur，這與後來加入的暴民，肆意搶掠，是不能混爲一談的。

事情的發生，是在這年的八月。當時的克邦王公，曾頒令全邦，嚴禁人民集會，慶祝巴基斯坦或印度自治領之成立。八月二十六日，旁溪區的巴市 Bagh，有回教居民集會，邦軍彈壓，因而激成民變。據一九四八年二月四日加爾各答政治家日報報導：「早在八月初，印、巴分治期近時，旁溪區即有若干群衆集會，主張克什米爾應加入巴基斯坦。全區頒行戒嚴令，違者格殺勿論。八月二十七日，巴市居民阿布多魁雅 Abdul Qayyam ，遂約衆揭竿而起，從者日衆，更由於土邦軍隊之濫施高壓，整個旁溪區遂致不復爲克邦王公所能控制。」

上項民變的地方性力量，到了十月初，顯已獲得耶朗河對岸巴方的支持。武器軍火自亦不在例外，十月十五日，哈里辛乃電請巴方，派員會同調查眞相，並稱：「倘此一建議不爲巴方接受，則克邦政府將被迫覓取援助，以抵抗來自巴基斯坦方面的侵略與不友誼行爲。」

克拉蚩方面，對哈利辛的建議，頗感躊躇，因所謂援助旁溪區的行動，可能僅係局部性的，並未經巴基斯坦中央公開認可，倘派員與克邦會商，無異由官方負起責任，但同時又不能不顧及哈利辛所稱將覓取外援的動向。三天後，哈利辛再電巴基斯坦催覆，强調將覓取外援，但未提雙方派員會商之議。眞納因覆電予以强硬抗議：「來電以覓取外援爲要挾，顯見你的眞正目的，是在尋找藉口機會加入印聯，取得印度自治領的干預與援助。此種政策，自然使佔百分之八十五的回教籍邦民，深爲激怒。我方政府前所建議由雙方派員舉行談判一事，今實極待實行。」隨着這封電報，又電請克邦首相訪巴，並派代表團會商，但此電並無回信。倘此時哈利辛能及時採取行動，則所謂部落民族的入侵，顯然可以遏阻。哈利辛的優柔寡斷，不僅斷送了多格拉王朝，同時也帶來了連年的戰伐與印、巴間不易消除的世仇。

第五章　所謂部落民族的入侵

一九四七年十月二十二日，所謂「部落民族」約二千人，自巴基斯坦境內，侵入克什米爾，在多密爾 Domel 與摩沙法拉巴德 Muzaffarbad，大肆燒殺劫掠，是爲印巴各據一辭爭奪克什米爾之始。我們對這「部落民族」，應首先有所了解。依照一九四七年印度獨立法案規定，並經英屬印度回教籍居民佔多數的地區舉行公民投票的結果，印度西北部的西北邊省 North Western Frontier Provinces，劃爲巴基斯坦的領土。這西北邊省可分爲東西兩部分，東部早經設治管理，西部與阿富汗接近的山區，則爲行政上的「無人地帶」，爲部落民族所盤踞，通稱巴丹族 Pathans，而以麻赫索德 Mahsud、瓦齊 Wazir 與阿富利底 Afridis 爲主，合計約二十萬人。英人治印時代，對此部落民族，採取羈縻政策，每年津貼其酋領達一百萬磅，始得相安無事，以其地處崇山峻嶺中，而族人極强悍善鬪，且出沒無常，不受法治，不受教化，不易馴服也。巴基斯坦接管政權後，對此類部落民族，頗感窮於應付。

早在一九四七年八月，克什米爾境內旁溪 Poonch 區的若干退伍軍人及回教籍的居民，即曾越耶朗河，入巴基斯坦境內，向上述部落民族購買槍械軍火，密謀變亂，其時克邦部隊，本已將邊界封鎖，並將耶朗河的渡口破壞，但並沒有能阻止上項軍火的偷運交易，而西北邊省的部落民族，是否即因此而觸發其東侵入克什米爾的動機，那就很難說了。依照印度的說法，所謂部落民族的入侵與克邦境內退伍軍人的滋事，都是巴基斯坦有計劃策動支持的，目的在以暴力奪取克什米爾。依照當時巴基斯坦首相里阿瓜里罕的答辯：「這種誣控，純屬無稽。相反的，巴基斯坦政府，且曾盡其所能，阻止部落民族的行動」。就當時實況的情況，却也有幾件事值得我們注意。第一、西北邊省的省督，這時由英人寬寧漢氏擔任 Sir George Cunninghan，而巴基斯坦國防軍統帥，也是英人格萊西將軍 General Gracy。因此，以巴基斯坦國防軍矯裝部落民族進攻克什米爾，雖然不是決不可能，但除非英國當時的政策是支持巴基斯坦奪取克什米爾，否則，那應該是不太容易的，至少，應該不是由巴基斯坦的軍政當局在負責指揮部署。第二、入克邦的部落民族，爲數達兩千之衆，且皆乘坐軍用卡車，擁有完善的裝備和補給，倘以爲沒有得到巴基斯坦方面任何的援助，且其行動亦未曾爲地方當局所察覺，那也是不近情理的。第三、倘巴基斯坦果以正規軍阻止部落民族入侵克什米爾，應非困難，但事前並未聞有任何戰鬪事件發生，縱然當局頒有命令，但至少這種攔截的命令，並不曾執行。而且當時巴基斯坦境內的回盟，也極可能援助克邦境內的回教居民，向王公的部隊挑戰。當然，以回盟居於執政黨的地位，是很可能被指爲係巴基斯坦的政府在主使。第四、據貝爾德武德氏 Lord Birdwood（見 Two Nations and Kashmir P. 55）的報導，西北邊省省督曾於十月二十日，已獲知部落民族行動的確報，彼曾下令封鎖庫什干 Kushalgarh，但這時部落民族已渡過了印度河。同時統率「白夏華師」的師長麥卡將軍 General Ross McCay 亦曾向省督報告，部落民族的軍隊，正渡過阿圖克橋 Attock Bridge，接報後省督又命麥卡將軍派兵攔截，但麥卡却無兵可派，他的處境很明顯，巴基斯坦的部隊，不願意拿槍打友軍。

根據這上述的事實，至少我們可以說，巴基斯坦當局，可能這時尚未直接動員部隊入侵克什米爾，但對其境內部落民族的行動，事先實已察覺且未予以適當遏阻，更可能經由回盟等組織，曾予以支援。由甲國的政治力量支持乙國的革命團體，本也不是希罕的事，何況巴基斯坦與克什米爾又同屬回教的兄弟之邦呢？不過，巴基斯坦却始終對此未予承認。

自巴基斯坦的西北邊省攻入克什米爾，行軍原極困難，僅有可通單線行車的陸道，蜿蜒而上，倘使克邦駐守部隊，能據險力守，實不難將入侵的兩千部落民族，予以整個消滅，但當地守軍却是一支雜牌隊伍，首先就有兩個回教籍的營陣前起義，至於其餘殘部又得不到當地回教籍的居民合作，部隊長且被暴民所殺，因此入境後的部落民族，聲勢更加浩大。十月二十五日，即已自摩沙法拉巴德越過烏利 Uri，並攻破巴拉摹拉要塞 Baramsra，距克什米爾首邑斯林拉迦，已不到五十英里。由於攻勢進展極速，而耶朗山谷一帶居民又多殷實，這批亡命之徒，乃沿途縱情燒殺擄掠，當日下午九時，將麻哈拉的電廠破壞後，距斯林拉迦已祇剩三十英里了，這時的克邦王公，還在宮中舉行盛大酒會，突然電燈失明，又得快報，才知道事態已經嚴重了。本來態度搖擺不定的王公，這時才感到必須採取緊急措施，而印度的特使梅農，也從新德里飛到了斯林拉迦，迫王公表示態度，又飛回新德里去了。梅農向政府報告，除非立即空運部隊赴克邦，否則斯林拉迦必將不守。二十六日晨，梅農再飛克邦，這時才得到了克邦王公簽署請求加入印聯並請印軍支援的文件，同日下午一時，印軍空運部隊第十一團乃奉命飛往斯林拉迦，抵達後並立即馳赴前線，整個克什米爾的爭奪戰，乃從此進入一新階段。

克邦王公哈利辛，於十月二十六日致書蒙巴頓總督請求加入印聯並請印軍支援，此事意義重大，茲譯其全文於次：

親愛的蒙巴頓爵士：（按其時蒙巴頓任印度總督，名義上仍為印度的最高行政長官）

我不得不通知閣下，我的土邦內發生了緊急危難，務懇你的政府能立即予以援助。閣下當然知道，贊木與克什米爾邦並未加入印度或巴基斯坦任何一自治領。就地理位置來說，我們與印、巴兩國均有密切關係，同時與蘇聯和中華民國也是鄰邦。印、巴兩自治領都不能忽視我們這種對外的關係。因此，我需要有長的時間來考慮，是否決定加入印聯或巴基斯坦，或者為了我們三方面的最善利益，使克邦得以保持獨立地位，自然與印、巴都維持着睦鄰友好的關係。基於此種考慮，我曾分別請求印、巴雙方與克邦簽立一項過渡時期的臨時協定，巴基斯坦已接受此項建議，印度則希望兩國派員進行磋商。但由於下述的理由，我却無法安排進一步的工作。巴基斯坦曾根據上項協定，在克邦境內建立郵電站，但却並未履行其供應我們糧食，食鹽與汽油的諾言。

擁有現代武器的阿弗利底人，便衣部隊與亡命之徒，被准許滲透進入了克邦，首先在旁溪區，接着在錫爾柯梯 Silkot，最後是大批地衝到了拉姆柯梯 Rammkot 與洪沙 Hazara District 接界的地方，我們邦內的少數部隊，乃不得不同時在幾處前線應戰，結果遂無法保障人民的生命財產，連斯林拉迦電力來源的麻哈拉也被焚燬了。千百的婦孺被匪徒們姦淫擄掠，眞使我痛心疾首，現在他們正朝着克邦政府的暑都斯林拉迦挺進，作為征服全邦的第一步。這許多部落民族，從西北邊省遙遠的邊區，乘坐着整齊的軍用卡車，浩浩蕩蕩通過蠻錫赫拉 Mansehra 至摩沙法拉巴德公路，並獲有現代化的裝備，這如何能事先沒有被西北邊省當局及巴基斯坦中央所察覺？但是雖經我們一再呼籲，他們却並不曾採取適當步驟予以遏阻，或使其止於克邦邊境。事實上，巴基斯坦的廣播與報紙，均曾報導此項消息。甚且巴基斯坦的廣播中，還說克邦境內已成立了一個臨時政府，但事實上，我的人民，回教籍或非回教籍的，根本不知道這個所謂臨時的政府。

現在我邦內的情形已如上述，而局勢又如是嚴重，我已無其他辦法可想，祇得請求印度自治領的援助，自然他們將不能予我所要求的援助，除非我請求加入印聯。因此，我已決定這樣作，我把我的請求讓印度政府決定。否則，我就祇能聽任强匪糟塌我的土邦和人民，當然，任何文明的政府，是再也無法維持的，我是土邦的元首，我一息尚存，決不容這種事情發生。

我要附帶通知閣下，我想立刻組織一個過渡時期政府，並請錫罕阿布多拉與我的首相合作，俾能共度時艱。

倘使要挽救我的土邦，就必須立刻向斯林拉迦增援，這裏的情形，梅農先生瞭解得很淸楚，我想他可以向你說明。

匆此致意

你忠實的　哈利辛

以當時蒙巴頓在印度自治領中所居地位，僅在被徵詢意見時，對印度政府可提供建議。雖然名義上他仍然是總督，但除非內閣已有決議，他是不能單獨有所決定的，因爲英國已經交還政權了。據當時擔任蒙巴頓機要聯絡秘書的强生君稱：「十月二十四日夜晚，在招待泰國外長宴會中，尼赫魯纔第一次將克什米爾的最近發展，向蒙巴頓報告，他說所謂部落民族的部隊，分乘軍用卡車數百輛，自拉瓦平底 Rawalpi-ndi 向克什米爾前進，克邦的守軍似已看不到了，情勢顯然很緊張。二十六日蒙巴頓出席印度國防會議，會中洛卡迭將軍 General Lockart 宣讀來自巴基斯坦陸軍總部的電報稱：約有五千部落民族，已攻佔摩沙法德與多密爾，可能仍有後繼部隊，據報他們的前鋒，業已抵達距斯林拉迦僅三十五英里之處。討論時大家都認爲應立刻將克什米爾政府請購的彈藥軍火放行，同時也談到派印度軍隊增援的問題。蒙巴頓表示，除非克邦王公請求加入印聯（這種加入的決定，當然是暫時，最後仍有待公民複決），否則，印度出兵，甚爲不妥。因此二十五日的國防會議，並未作最後決定，僅同意了立刻派遣內政部專員梅農，飛往斯林拉迦，探詢眞相。

二十六日梅農帶回的消息，十分緊急。他說哈利辛已慌成一團。假使印軍不立卽增援，克什米爾就要完了。下午梅農再飛斯林拉迦，他勸哈利辛暫時離開斯林拉迦，同時又將哈利辛請求加入印聯和印援的文件，也在這天帶回新德里。在內閣的緊急會議中，全體通過了接受克邦王公的請求，並命印軍飛克什米爾。當時梅農報告，敵人的先頭部隊僅騎兵一連。當日下午一時，第一批印度空運部隊共三百三十人，卽奉命前往斯林拉迦。」

廿七日，蒙巴頓覆哈利辛一信，全文如下：

親愛的克什米爾王：

閣下一九四七年十月二十六日的信，已由梅農先生帶到。基於閣下所說明的特殊情況，我的政府已決定接受克什米爾加入印度自治領的請求。爲了符合他們的政策，就是當土邦加入自治領的問題發生了糾紛時，最後應取決於土邦人民的意志，因此我的政府，希望在克什米爾恢復了法律與秩序，侵略者已離開克什米爾時，願意將這問題，交由土邦的人民複決。

同時，由於閣下請求印度軍援，我們今天已經採取行動，派印軍前往克什米爾，協助你的軍隊，保衛領土，保障你的人民的生命財產和榮譽。我和我的政府，十分高興，知道你已邀請錫罕阿布多拉作你的首相組織臨時政府。

蒙巴頓

蒙巴頓爲甚麼這時會同意接受克邦加入印聯，這顯然並不是他原來的主張。事實上，早在這年的六月，印巴分治開始以前，蒙巴頓已曾一再勸告克什米爾王，不要草率決定加入印聯或巴基斯坦，除非他已能獲得全邦人民的公民投票決定。萬一公民投票不可能，也可召集一次全邦代表會議來決定。但是到了所謂部落民族攻入克邦以後，印度政府裏的負責領袖們，不顧蒙巴頓和參謀首長的意見，皆主張立刻派軍隊進入克什米爾。因此蒙巴頓乃不得不提出「加入印聯」作爲派兵的先決條件，而又把加入印聯的最後決定，交由未來的公民投票，作最後複決。（見强生著 Mission With Mountbatten），當時蒙巴頓提出的理由很明顯：第一、印度師出無名，而且巴基斯坦也可以藉辭出兵，結果便是全面的戰爭。因此克邦必須先有請求加入印聯的決定。第二、倘加入印聯的決定，不說明是暫時的，一切有待公民投票的最後複決，那麽巴基斯坦也仍將反對，結果還是要引起戰爭。尼赫魯立刻同意了蒙巴頓的看法，因此覆哈利辛的信，也由印度政府公佈了。

印軍增援斯林拉迦的消息，眞納在二十七日下午獲悉，這時眞納正在拉合爾，出席西旁遮普省督的酒會，前面在第一章中，已曾提到。眞納當時命令格雷西將軍派兵入耶朗山谷，格雷西抗命不行。二十八日上午，印巴兩國協調參謀首長阿欽拉克元帥偕格雷西將軍，同赴拉合爾，使眞納收回了成命，但眞納却提議蒙巴頓，尼赫魯，於二十九日來拉合爾，擧行攤牌談判。新德里方面，蒙巴頓是極力贊同眞納的提議的，但是整個內閣，都反對蒙巴頓和尼赫魯赴拉合爾。這天下午，尼赫魯稱病在家。第二天，蒙巴頓乃毅然單獨赴會。

憤怒的眞納，以巴基斯坦總督的地位，在拉合爾會見這名義上的印度總督，英國的蒙巴頓。這種會晤，顯然不是眞納所希望擧行的。尼赫魯不來，它已失去了原來預計會談的意義，一開始眞納就抱怨印度政府迅雷不及掩耳的作法，沒有讓巴基斯坦獲知應得的消息。蒙巴頓解釋道，印度派兵的決定通過後，尼赫魯就已立刻用電話通知了里阿瓜阿利汗。眞納又說，印度政府公佈聲明，是不合法的，是暴力脅迫的，巴基斯坦將永不接受。蒙巴頓也並不否認這是暴力所引起的後果，但指出這暴力却開始於所謂部落民族，是巴基斯坦，而不是印度應該負責的。眞納則强調這是由於印度派兵入克邦的後果。蒙巴頓還是堅持部落民族所侵略的地方，就是暴力的所在，最後眞納已無法忍住他的激怒，他罵蒙巴頓是冥頑不靈。

接着蒙巴頓又告訴眞納，印軍在斯林拉迦已經佈妥防線，而且强大兵力正向前線增援，部落民族如想取得斯林拉迦，已經成了泡影。這話纔打動了眞納，轉而談善後的問題。他提議雙方立刻從克什米爾撤兵。蒙巴頓要他解釋消楚，他怎能讓部落民族自動撤退，眞納的答覆是：「假如你這樣做，我也願把整個的事打消。」（仍見强生原著。）眞納這話，證明巴基斯坦對所謂部落民族的入侵，並不是不能遏阻的。談到公民投票的問題，眞納坦率表示，印度軍隊已開入克什米爾，而錫罕阿布多拉又大權在握，克邦的回教人民，恐未必能自由投票。蒙巴頓說，那可以由聯合國來監督，眞納則主張由印巴兩國的總督來負責辦理，蒙巴頓以爲他必須聽從印度政府的意見。這場談判，顯然並沒有結果。

眞納或者以爲這時的蒙巴頓，仍舊享有過去的實權，可以左右印度的大局，因此他很懷疑印軍入克邦，以及克什米爾請求加入印聯的事，都是蒙巴頓安排的。對於這次的會談，眞納顯然留有極深的印象。據强生君的記載，眞納在一九四八年逝世前，重病中還對人談及蒙巴頓，他說蒙巴頓是他一生中最難忘的人，當第一次看到蒙巴頓時，就覺得他是一個最精明的人，眞納也不從不懷疑，蒙巴頓是忠於印度自治領一方面的。事實上在拉合爾的會談中，眞納卽已一再强調指出：印度正企圖摧毁這剛誕生的巴基斯坦，所以他對所有印度的領袖與印度的政策，都拿這個觀點來判斷。蒙巴頓想說服眞納，至少這作爲印度總督的他，並不想要毁滅巴基斯坦，但是直納却始終懷疑。

眞納和蒙巴頓會談後，於十月卅日由巴基斯坦發表一項正式聲明，指克邦王公加入印聯的請求，乃係印度的詭計與暴力所造成，非巴基斯坦所能承認。十一月二日，尼赫魯亦發表廣播演講，重申克邦前途，將最後取決於公民投票。十一月七日，印度軍隊對部落民族發動全線反攻，從斯林拉迦以西七英里之處，迫其向後撤退。十一月十四日，印軍克復烏里。同日巴基斯坦陸軍總司令格雷西將軍，正式發表聲明：巴方軍隊從未以軍火武器供給部落民族，亦無巴國軍官，策劃或指揮部落民族侵入克什米爾。十一月十六日，巴基斯坦首相里阿瓜阿里罕，對聯合國監督公民投票的問題，提出具體建議，主張在克邦境內應撤退所有外來部隊，同時成立一公正的土邦政府，以使公民投票之得以公平舉行。尼赫魯雖亦贊成聯合國監督投票，但認爲有若干基本觀念，有待澄清，十一月二十一日，因就里阿瓜阿里罕之議，發表聲明如下：

「在克邦和平秩序未恢復以前，我不清楚在這種情勢下，聯合國究能做些爲麼。我們深信，現在的錫罕阿布多拉政府，是符合人民意志，是很公正的。凡是到過克什米爾親自看過的人，都會承認。同時，我們已經保證，祇要我們的軍隊駐在克什米爾，他們唯一的職責，也就是保護所有的人民，不分宗教種族。這種職責，必將公正無偏的履行。我也曾一再說過，祇要侵略者被趕出或撤出了克邦，和平秩序已經建立，克什米爾的人民，就應該在國際組織例如聯合國的監督下，用公民投票的方式，來複決克邦的前途，這個原則，我始終堅持」。

尼赫魯的聲明，與里阿瓜阿里罕的建議，一開始就存在着極大的距離。另一方面，部落民族退處烏里一線以後，和印軍的接觸，隨着嚴冬的來臨，也已呈膠着狀態。

第六章　印、巴、克邦之戰

巴基斯坦國防軍，正式投入克什米爾戰場，是在一九四八年的五月，從這時開始，我們才稱印、巴間的克什米爾戰爭。早在一九四七年十一月十九日，印軍已解克邦部隊之圍，三天以後，復進據旁溪。與阿薩德克什米爾的主力對壘，但由於後方補給線過長，而且氣候嚴寒，前線乃呈膠着狀態。當時印度方面總司令英人白啓將軍 General Bucher，頗不主張輕兵西進，因需增調大軍投入戰場，深恐因此引起巴基斯坦的正式參戰，演變成兩自治領間曠日持久的國際戰爭。但印度政府與人民，多傾向於鼓噪前進，期一舉掃蕩所有入侵的部落民族，至少需恢復以耶朗河為界的國境，更有激進份子如大印度教會黨 Hindu Mahasabha 等，（參拙著印度近代史一五八頁），力主全面動員，乘此消滅巴基斯坦。自一九四七年八月開始，印回仇殺的慘劇，蔓延於旁遮普，孟加拉與德里各地，反回反巴基斯坦的狂潮，已達到最高峯。（參拙著印度獨立與中印關係二九二頁）。印度國父甘地，在孟買的禍亂燒殺中心，從事印回親善的運動。這時的印度與巴基斯坦兩自治領，雙方都接受政權不久，部署未定。但一方面須準備在克什米爾戰爭，相反的却又得設法撲滅印度教徒與回教徒及錫克教徒間的互相殘殺。政府為了開疆闢土，爭奪克什米爾，自然需要激勵士氣民心，敵愾同仇，可是內部的宗教仇殺與動亂，又不能不力予鎮壓。這種微妙而複雜的關係，實是矛盾極了，也危險極了。甘地本其悲天憫人的心志，到處奔走，呼籲印回親善，更鑒於仇殺與戰爭如不停止，兩自治領必將同歸於盡，因又極力呼籲和平。

依照印巴分治的細則規定，當時印度儲備銀行，理應撥付巴基斯坦五億五千盾的「分家款」。克什米爾問題發生後，印度政府故意扣不撥付。引起甘地極大不滿。一九四八年一月十三日起，因在德里宣佈絕食。甘地自稱其絕食目的，在求取印回錫克教徒間的重歸和好。「有的人為了健康而絕食，自須遵守養生之道，有的人為了懺悔做錯的事情而絕食，當然也無需相信非暴力的原則。然而，另有一種非暴力主義者，是為了反對社會某種的錯行而不得不絕食的。我所要採取的行動，就是屬於這一種，我是一個非暴力主義者，捨此實別無他法」。甘地所指社會的錯行，意義自然廣泛，但印政府之拒付巴基斯坦應得的「分家款」，當為甘地所指社會錯誤之一，印度政府之敢於作此決定，以及甘地之毅然絕食，都充分反映出當時印度民意對巴基斯坦之深惡痛絕，這也正是好戰論者所求之不得的條件，但甘地不作如是想，他看透了這是兩敗俱傷的悲劇，他要印度政府改變決策，並且拿行動來表現。

一月十五日，甘地開始絕食後的第三日，印度政府受甘地先生的感召，並為了爭取世界的同情，遂由內閣會議重新決定，前款照付，以消除兩自治領間的誤會，印度政府的公報並特別指出：「政府的此一決定，是服膺非暴力主義，受甘地咭的精神感召，並基於我偉大國家的光榮傳統，盡了最大努力，為和平與睦鄰，所作的最大貢獻。」

同日下午，甘地對晚禱會的聽衆，並就此發表書面談話，由他的秘書宣讀。這是甘地殉道前最後一次絕食中的重要文獻。兩個禮拜後，甘地在一月卅日遇刺殉道，而這一次政府的改變決定，也就成了激進分子指控甘地的一大「罪狀」。甘地在書面談話裏說：

「任何負責的政府，改變一項業經深思熟慮後所已決定的政策，這決不是很輕易的事。然而，我們的內閣，任何方面都證明是很負責的，現在再經詳細研討，將業已決定了的事，又很快的加以改變了。內閣的此種措施，應得全國人民最大的謝意，從克什米爾到柯摩林灣 Cape Comerin，從克拉蚩到阿薩密。我知道世界上任何民族都會這樣說，像這樣的改變，祇有寬大爲懷像印度這樣的內閣，才能辦得到的。不過我以爲這並不是討好回教徒的政策，這是一個我們自己討好自己的政策，假如你願意這樣說。沒有一個內閣，一個代表着千千萬萬人負責的內閣，僅僅爲了要獲得一些不可理諭的羣衆的喝采，就採取這種步驟的。在這瘋狂的時代，難道一個理智的政府，不應該勇敢的盡其所能，使一隻破了洞的船，免於沉沒嗎？除此還有甚麽動機呢？這是我絕食的結果，它改變了整個的形勢。沒有經過絕食，內閣是不能也不需要採取法律以外的行動的。但就印度政府來說，這一次的行動，實包含着無限的善意。它對巴基斯坦政府已表示了最大的尊重。它應該從此使兩個自治領就克什米爾與其他一切的糾紛，都獲得光榮的解決。友好應替代過去的仇恨。公正的需要應替代法律的條文，法律的效用本來是有其限度的。當普通法到了無法解決問題的時候，人們就祇好訴諸人類良知的公正，這在英國，幾百年來也是屢見不解的。不久以前，英國的普通法庭與陪審法庭還是分開的。祇要想到這裏，就知道這次印度政府的決定，是完全公正的。如果要舉前例，却也有很現成的。例如麥唐納判案 Mac Donald Award 就是一例。那次的判案，事實上不僅是經過英國內閣全體，而且也是參與第二次圓桌會議多數代表所共同決定的，但是那一次的決定，並非一夜之間達成，它也是我在雅爾瓦達獄中絕食的結果。（按一九三一年八月，英首相麥唐納，爲緩和印度的自治要求，允在印度實行地方自治，開放部份政權，准印人依憲選擧，這憲法就是一九三三年通過的印度政府法，草案中原規定將印度的賤民階級及印回兩宗敎信仰不同的人民，各分別劃爲單獨選擧區。甘地極力反對，認爲此係不公正的辦法，因爲它把印度的賤民列爲另一特殊階級，有背公正的選擧，因在雅爾達瓦獄中宣佈絕食以示抗議，最後麥唐納乃不得不依據第二次圓桌會議的建議，修改原來劃區選擧的成議）。」

「現在印度政府已不計一切犧牲，作了應該作的事，但是他們也並不是超人。巴基斯坦將有甚麽表示來答復我們的善意呢？假使他們願意，我想方式是很多的，他們究竟作了嗎？」

甘地已經盡了最大的努力，不惜絕食毀身，禱祝印巴兩國間的和平，甘地絕食致使印度政府改變原來的決定，對巴基斯坦也許可能發生若干好的反響，但克拉蚩所更感威脅的，還是耶朗河對岸的印度軍隊。他們無法判明其攻擊目標，是否將止於旁溪，抑再越河西進。因此也積極動員，嚴陣以待。一九四八年三月十七日，巴軍山礮一營另附步兵若干，調赴旁溪以西參戰，四天以後又擬空運增援未果。當時巴軍第七師，早已於二月初開赴克什米爾，列陣於阿薩德部隊之後數英里處，以備萬一印軍來攻時，可及時阻止，但前進司令部仍然設於巴基斯坦境內，而雙方部隊之正式接戰，也要到了一九四八年的五月，因此我們可以說，印巴之戰，是在這時揭幕，在此以前，僅可稱爲序幕戰。

印度方面，對於巴國的積極動員，無時不在密切注視，他們認定這年的一月，已有巴國正規部隊投入戰場，因此當時負責印軍前線總指揮的英人羅舍爾將軍 General D. Russel，乃請求解除職務，另由印政府派克里阿巴 General Cariappa 於一月二十日接充。前此印政府爲應付德里以北的動亂仇殺緊急局勢，曾設立一特別軍區，防地包括德里省與東旁遮普省，以羅舍爾斯將軍爲軍區司令 Lieut General Sir Duddley Russell，後來防區擴大包括克什米爾，因此克里阿巴乃連克什米爾防區一並接管，另派卡瓦辛將軍 General Kalwant Singh 爲前敵指揮官。

這時印巴兩軍的對壘，單就作戰部隊來看，似均缺乏旺盛的攻擊精神，雙方都保持着若即若離的態度。巴基斯坦下達部隊的作戰命令，是「阻止印軍用武力達成重大的決定」，換言之，僅要求其守住旁溪一線，使其不再前進，因此極力避免與印軍正面衝突。印度方面則因取道斯林拉迦，小部隊的緊急空運，尚可冒險在一個短期內遂行，但到了前鋒已推向西線，就另闢運輸路線，自印境帕撤柯迭，修築專用公路，連絡旁溪，以便大兵團的行動與補給，因此行動極爲遲緩，且這一條蜿蜒於高山峻嶺中的交通線，又暴露在巴基斯坦的監視之下，巴方可以隨時派少量部隊，予以破壞切斷。好在兩軍的官兵，不久前還是同屬於一個部隊中的「弟兄」，大家還存着若干感情，有時兩邊的尖兵碰在一起，竟會互相打着招呼，忘記了他們的戰鬪任務。曾有一度印軍使用空軍轟炸巴基斯坦境內的車站，經過巴基斯坦抗議後，也就停止了，這種不宜而戰的戰爭，眞正是名符其實的做到了。但是旁溪一線的膠着狀態，也牽制了不少的印軍。

北部戰場方面，印軍係五月十九日發動總攻，向烏里與迪斯瓦同時推進。迪斯瓦係由部落民族的雜牌隊伍據守，不堪一擊，烏里方面兵力亦極單薄，倘兩地俱下，則摩沙法拉巴德勢將棄守，而巴基斯坦的部隊，便祇好退守自巴市至巴蘭德里荷，到賽巴的最後防線了，所謂阿薩德克什米爾，也就祇成了象徵性的意義了。當迪斯瓦，烏里告急時，巴基斯坦曾擬有甲乙兩案，甲案主張撤退烏里，集中力量堅守摩沙法拉巴德並伺機反擊；乙案主撤退摩沙法拉巴德，縮短防線，最後採取了甲案，決定增調援軍一旅，掩護烏里的退却，並向迪斯瓦反攻。此一戰役的結果，不僅阻擋了印軍的前進，而且克服了若干已失的據點，到了六月中旬，巴軍第九師開到，連旁溪方面的第七師，一共有兩個師，全部投入了戰場，陣勢才算穩定。

撤守至摩沙法拉巴德一帶的部落民族隊伍，頗不慣長期的陣地戰，他們已看到所謂克什米爾之戰，短期內是不可能有大的勝利進展。這時東北一帶的高山積雪已化，長於流竄的部落民族，便又轉往東北山地向克什米爾內部進擊。此一突發的攻勢，居然很快到達了斯林拉迦東北的咋雪拉山隘附近，印軍乃不得不急調輕型坦克部隊迎擊。在一萬英尺以上的高山，使用坦克，在印度是空前的，但居然及時到達，憑山隘據險以守，就印軍來說，已算是破紀錄的戰績。

八月下旬，巴基斯坦趕築的軍用公路，已可自帕蘭德里荷，通至旁溪前線，輸送重礮，制壓旁溪機場的印軍。十月初，巴軍總部卽擬對旁溪正面發動主攻，因該地位置重要，早已是兩軍爭取對象。但由於印方援軍及時趕到，巴方的攻勢計劃，乃未執行。到了十一月，巴方又策定一項新的作戰計劃，準備抽調拉合爾的兵力，包括傘兵一旅，步兵兩團，礮兵一團，集中攻擊印軍西南的唯一交通線，卽自帕撤柯梯至阿克魯的一線。倘此線爲巴軍切斷，則旁溪前線的兩師印度部隊，必將失去補給而陷入重圍，旁溪當可輕取。但執行此一計劃，須冒極大危險。第一、拉合爾爲西旁遮普省會，與印屬東旁遮普省的費諾齊埠對峙，印方早有重兵把守，一旦拉合爾兵力空虛，卽可能爲印軍所乘。第二、帕撤柯迭至阿克魯逼近印邊，倘在此線發動主擊，印方亦極可能將戰場擴展至巴基斯坦境內。爲此，乃將上述計劃，再加修改；第一、選定自阿克魯至旁溪間的貝里巴坦 Beri Pattan 橋爲攻擊對象，此處離印邊較遠，但接近巴基斯坦防線。第二、在柯迭利方面發動佯攻，並由阿薩德克什米爾電臺，故意透露此項佯攻行動。

計劃既定，原擬於十二月八日開始行動，但其時双方代表正在巴黎進行外交談判，巴方乃延展發動。直到十二月十三日，印方空軍猛炸柯迭利巴軍陣地，巴軍始全力照原定計劃猛攻，礮戰至爲激烈，三十六小時後印方師部已爲巴軍所毀，顯見兩自治領間的大戰即將展開，印軍總司令白啓將軍，本待集中所有印軍坦克部隊循拉合爾方面，攻入巴基斯坦但，此擧牽涉甚廣，已超過印度政府對克什米爾原定作戰目標，因此由白啓將軍建議，經尼赫魯同意，向巴方總司令格雷西將軍提出停火建議。這時負責調處印巴糾紛的聯大委員會本也早有此議。十二月三十日，白啓將軍乃發出下述密電：

印軍致巴軍，三十日，下午五時十分，極機密。

白啓致格雷西。基於政治的發展觀點，我方政府認爲双方的互相攻擊，實出於彼此間的誤會與開火，像這種無意義的浪費殺傷，祇有更增加彼此的痛苦。我方政府玆授權與我聲明，倘我命令印軍就地停火，他們將完全支持。自然，我必須首先得到你的保證，你也可以得到像我一樣的地位且能立刻採取同樣的有效行動，我才能頒發上述命令。請立刻電覆。倘你同意，我將以我將要頒發的命令副本，密電送達，並盼你也採取同意行動。

格雷西將軍旋卽覆電同意。一九四九年一月一日起，双方的停火協議，乃正式生效。這一次近於滑稽的火拚，也宣告暫停表演。在上述所謂作戰期間，双方的最高軍事當局，都是英國的軍官擔任總司令。雖然他們在名義上都是以私人資格，於印巴分治後，膺聘繼續留任軍職；雖然早在一九四七年十月，双方總司令均已命令英籍軍官，不得擔任帶兵官的作戰任務，但是兩位英國籍的總司令，彼此却是相熟的好朋友，而且在他們兩個敵對部隊的總司令的上面，還有一個英國籍的大統領阿欽納克元帥，負責兩自治領的軍事協調。因此這一場「各爲其主，逞智鬪謀」的戰爭，也就與兵棋演習差不了多少。況且兩軍的下級軍官，在分治前，或同屬一個部隊，或同係畢業於德拉當政治軍校 Political Military Accademy at Dehra Dun，才分手就火拚，也怪勉强的。

一九四九年前線停火後，剩下的就祇有政治戰和心理戰了。回顧這不到一年的戰爭，有幾件事情很是值得我們的注意。第一、巴基斯坦得地利之便，但兵力實遠不如印方，制空權全爲印軍所掌握，印度戰車部隊猶尚未正式出擊，否則，巴基斯坦勢必被迫退據國境內作戰。第二、阿薩德克什米爾部與部落民族，保衞本鄉本土或一時流竄，可發揮相當戰鬪能力，但以之編入正式戰鬪序列，負責陣地防務，則難發生力量，且常抗不受命，在後期戰鬪中，巴基斯坦反因此加重負擔，無論是就政治的或軍事的意義言，都變成了一個大問題。第三、印、巴双方高級將領，都始終不敢全力決戰，唯恐得不償失，兩敗俱傷，即使在戰鬪進行中，双方總司令還始終保持通訊聯絡，這樣的國際戰爭，眞是匪夷所思。他們要讓双方打成平手，原也沒甚麽奇怪。第四、印度內部正苦於宗教仇殺問題與海德拉巴問題，一九四八年一月甘地遇刺殉道後，以當時印度的戰力，實亦難長期維持一個大規模的國際性戰爭，尼赫魯批准白啓將軍的停火建議，自非偶然。第五、巴基斯坦立國不久，國防部署正在草創，一九四八年冬抽調拉合爾的兵力，已是極大冒險，果眞全面戰爭展開，則東巴基斯坦部份，四面受敵，恐短期內卽將爲印軍所進佔。故能趁早停戰，以阿薩德克什米爾作爲印巴間的緩衝地帶，徐圖政治上的解決，亦未始不是很明智的決定。從一九四九年開始，這印巴之間的克什米爾糾紛，就由戰場上轉移到聯合國的議壇上去了，雖然沿停戰線，双方都還保持着劍拔弩張的狀態。

第七章　聯合國調處與建議

一九四八年一月一日，印度政府經由其駐聯合國的代表，致緘安全理事會主席，根據憲章第三十五條規定，控訴巴基斯坦政府。

印度政府採取上項行動，其意嚮可能包含下列三點：（一）克什米爾王公既已申請加入印聯並經印度接受，是克什米爾已為印度領土，此時控訴巴基斯坦的侵略行為，可使印度在法律上先立於原告地位。（二）一九四七年十二月，印軍在克什米爾的「掃蕩戰」，未能如預期的順利完成，且戰事接近巴基斯坦邊境，為預防巴方的大舉反擊，先控訴巴基斯坦為侵略者，使其進入克邦，不能不有所顧忌。（三）候情勢許可，印方可再發動總攻時，能不受國界的限制，追敵入巴基斯坦國境。

印政府控訴案，經安理會受理，印方的主控要點為：（一）印度大陸有足可危害國際和平及安全的情勢發生。此種情勢的造成，係由於巴基斯坦國民及贊木克什米爾西北部鄰接巴基斯坦一帶地區的部落民族所組成的入犯寇兵，從巴基斯坦方面獲得協助，對贊木克什米爾邦進行軍事行動所致。（二）贊木克什米爾已歸附印度自治領，故為印度領土的一部分。（三）倘巴基斯坦政府不停止上項行動，則印度政府將被迫採取自衛措施，進入巴基斯坦領土，對入犯寇兵採取軍事行動。（四）為有效制止巴基斯坦，安理會之迅速採取行動，實屬必要。

巴基斯坦政府外交部長，於一九四八年一月十五日，致緘聯合國秘書長，否認曾經給予侵犯贊木克什米爾邦的人民以接濟或協助，但承認若干獨立的部落民族及巴基斯坦人民，曾以志願兵的身分，協助「自由克什米爾政府」（按即俗稱的阿薩德克什米爾，Azad Kashmin, Azad 係自由之義），函中並指出，所稱巴基斯坦領土正用為進行軍事行動的基地；巴基斯坦政府以軍事器材接濟「侵犯部隊」；以及巴基斯坦軍官正負責訓練，指導及提供其他協助等節，全屬不確。至於印度自稱克什米爾業已歸併印聯一點，那是毫無法律根據的，因為（一）贊木克什米爾邦，曾於一九四七年八月十五日與巴基斯坦締訂一項過波時期臨時協定。（按該項協定係於八月十二日由克邦王公用電報徵詢巴基斯坦同意，八月十四日經巴方電覆認可）。協定中禁止該邦與任何其他國家磋商或成立協定。（此項規定，未見諸文件簽署，可能當時巴方曾經提出）。（二）贊木克什米爾王公，實無權於一九四七年十二月二十六日簽署歸附書，因彼時該邦人民業已起而革命，推翻政府，並將王公逐出首邑。（三）歸附印度之事，係暴力及詐欺手段造成，因此自始即不發生效力。（四）印度總督於接受王公歸附之條件，為一俟該邦法律與秩序恢復後，須由該邦人民舉行公民投票作最後決定，是其歸併印度是附有條件的，但依據印度現行憲法的規定，是不承認附有條件的領土歸附的，因此克邦王公與印度政府間的行動，自始即缺乏法律根據。

在同一文件中，巴基斯坦政府並請聯大秘書長注意印巴間其他問題之存在，依據憲章第三十五條之規定，亦應由安理會採取適當措施，以解決各項爭端，恢復兩國政府間的友好關係。此處所指其他問題，包括約拿干德邦 Junagadh State 的糾紛。該邦鄰近卡西阿瓦 Kathiawar，居民多係印度教徒，但王公為回教徒。一九四七年九月，王公加入巴基斯坦，土邦人民即請印度軍隊入境，旋舉行公民投票，百分之九十的人民，投票加入印聯，印度即將該邦予以合併，巴基斯坦因向安理會亦提出控訴。

安理會於聽取印度政府代表及巴基斯坦政府代表陳述後，於一九四八年一月十七日通過一項決議，促請印度政府及巴基斯坦政府，盡其力所能及，立即採取一切措施，以改善現有情勢並避免採取可使情勢惡化的任何行動。同月二十日，更決定設立三人委員會，依照憲章第三十四條的規定，調查各項事實，同時在不影響安理會工作的原則下，運用可以解除困難的任何調解手段，執行安理會的指示，並就執行情形，隨時提出報告。同年四月二十一日，又決議將三人委員會擴充為五人委員會，並經決定由阿根廷，比利時，哥倫比亞，捷克斯拉伐克，美國等五國組成，「立即前往印度大陸，為印度及巴基斯坦兩國政府斡旋及調解，以便採取必要措施，恢復贊木克什米爾的和平及秩序，並由雙方政府互相合作且與委員會合作，以舉行公民投票」。此項決議中的第二部份，未為雙方政府任何一方所接受。直至一九四八年六月三日，安理會重新決議，訓令該委員會前往發生爭端的地區，以期首先完成上項任務並就巴基斯坦外長於一九四八年一月十五日來函所提出的問題，進行研究，提具報告。

聯合國調處委員會，遵於一九四八年七月前往印度大陸，直至一九四九年十二月，其所進行的工作，約可分為三項：一為戰爭之停止，二為具體調處方案之提出，三為對贊木克什米爾一般情勢之了解。

戰爭之停止。調處委員會到達印度大陸後，首要工作即為停止戰爭，因於八月十三日，向雙方政府提出三項建議，其中第一第二兩部分即為戰爭之停止，計包括五點：(一)印度及巴基斯坦政府同意由雙方司令部分別同時頒發停火命令，該項命令適用於贊木克什米爾邦內歸其控制的一切部隊，並於雙方政府接受本提案後四日內共同商妥的實際可行的最早日期開始生效。（二）印度及巴基斯坦軍司令部，同意避免採取任何措施，以加强贊木克什米爾邦內在其管制下的部隊的軍事潛力，（本提案所稱在其管制下的部隊，包括其實際作戰或間接參加的有組織及無組織的一切部隊在內）。（三）印度及巴基斯坦軍總司令，應迅速舉行會議，商討如何對目前部署作必要的局部改動，以便利停火。（四）委員會於認爲實際可行時，得斟酌情形委派軍事觀察員，在委員會權權範圍內，與雙方司令部合作，監督停火命令的遵守。（五）印度政府及巴基斯坦政府同意籲請各該國人民，協助造成並維持有利於促進繼續談判的氣氛。

上項提案提出時，印巴雙方正策劃在旁溪區展開大戰，均在修築軍用公路，整編部隊，補充給養，對於調處委員會所提出的停戰建議，皆未接受，直到一九四九年一月一日始由印、巴雙方總司令成立臨時停戰協議，已見前章。一月十五日，雙方又在新德里舉行聯席會議，由印度陸軍總司令克里阿巴 General K. M. Cariappa，印度參謀部顧問羅舍爾 Lieutenant General D. Russel。巴基斯坦陸軍總司令克萊西 General Sir Douglas Gracey 作戰司令希爾罕 Brigadier M. Sher Khan 出席，決定贊木克什米爾之停火線，應從非正式的階段，進入正式階段，同時授權當地指揮官，在相互同意的原則下，略予調整其部隊陣地，籍以避免小衝突。同年七月二十九日，兩國軍方代表在聯合國調處委員會所屬休戰小組委員會的主持下，在克拉蚩舉行停戰會議，劃定停戰線，其重要決定如下：（一）依照一九四八年八月十三日決議第一部分的規定，並爲完成一九四九年一月一日贊木克什米爾邦內的停戰事宜起見，特訂定如下停戰線。（二）停戰線南起滿拉瓦 Manawar（賓巴以南），向北至吉蘭 Keran（迪斯瓦以北），再東向至卡基爾 Kagil 以東的冰河區域。(三)上述停火線，應劃在一寸比例的地圖上，然後由雙方當地司令員，在聯合國軍事觀察員協助下，就地核對妥善，以取消任何無人地帶。(四)雙方因本協定簽訂而採取的任何部署，其軍隊駐地離停火線不得近於五百碼。(五)雙方得在其線後自由調整其防禦陣地，但任何區域不因停火線的勘定而發生重大調整者，其中兵力不得增加，工事不得加强。(六)雙方自由在線後調整其防禦陣地時，不得將新的軍事力量，調近贊木與克什米爾。(七)聯合國調處委員會，得在其認為必要之點派駐觀察員。(八)雙方得在自批准之日起的三十天內，撤出其所佔據但根據本協定所規定停火線不屬其所有的區域。在此三十天期限未屆滿前，雙方中之任何一方，除非經當地司令員互相同意，不得向前推進，佔領根據本協定規定屬其所有的區域。至此所謂戰爭之停止，即已正式宣告確定，但撤軍問題，仍無協議。

聯合國調處委員會在此一時期的第二項任務，為調處方案之提出。一九四八年八月十三日調處委員會所提出的三項建議中的第二及第三部分，即係停戰後的調處方案，提出後復經印、巴雙方提出修正意見，於一九四九年一月五日，由委員會通過一項決議，作成雙方皆已表示接受的下述具體方案：

(一)贊木克什米爾邦將來歸附印度或巴基斯坦的問題，將以舉行自由公正的公民表決的民主方法決定之。(二)公民投票將於委員會察悉一九四八年八月十三日委員會決議案第一及第二部分所開的停火及休戰辦法，業已實現，且公民投票的籌備業已完成時舉行之。(三)聯合國秘書長於徵得委員會同意後，推薦一位國際地位崇高素為各方所普遍信任的人士，出任公民投票總監，而由克什米爾政府正式委派之。

總監應由克什米爾政府，授與籌備及進行上項投票並確保其自由公正所需之各種權力。總監有權委派其所需要的辦事人員或助理人員及觀察員。（四）一九四八年八月十五日委員會決議案第一及第二部分實施後，且委員會認爲該邦的和平狀況業已恢復時，委員會及總監，應與印度政府磋商決定印度及贊木克什米爾邦軍隊的最後處置，其處置辦法，應充分顧及該邦的安全及公民投票的自由。（五）該邦境內一切民政當局，軍事當局及重要政治團體，均須與總監合作，以籌備及舉行公民投票。（六）該邦公民之因變亂而他徙者，概應請其自由返回該邦，行使其爲公民的一切權利。爲便利遣返工作進行計，應成立兩委員會，一由印度所推薦的代表組成，一由巴基斯坦所推薦的代表組成。此二委員會應在總監指導下執行職務。印度及巴基斯坦政府，以及贊木克什米爾邦內一切當局，應與總監合作，實施本項規定。凡於一九四七年八月十五日或是日以後，進入該邦的一切人民，除有合法理由者外，概須離開該邦（克邦公民不在此例）。（七）贊木克什米爾邦內一切當局，應與總監合作，確保凡參加公民投票的選民，不受任何威脅，壓迫或恐嚇以及賄賂或其他不正當的影響。該邦各地的合法政治活動，不受任何限制。該邦所有人民，不分宗教，階級，黨派，均能安全自由地表達意見，及投票表決該邦應歸附印度或巴基斯坦的問題。該邦有新聞自由，言論及集會自由，行動自由，包括合法入境或出境自由在內。釋放所有政治犯，該邦各地的少數民族，皆受充分保障，絕無報復的事。（八）總監得將其需要協助問題，提交聯合國調處委員會，委員會得斟酌情形，請總監代其履行其所負的任何責任。（九）公民投票完成後，總監應將表決結果報告委員會及贊木克什米爾政府，屆時委員會應向安理會提具該次投票是否自由公正的證明。

上述調處方案，既經印、巴雙方接受，而停戰線亦經確定，理應即可進行公民投票籌備工作，但由於雙方對撤軍問題未獲協議，因此委員會乃主動向雙方於一九四九年五月二日，提出一項具體辦法，其中關於軍隊撤退及一般規定兩部分全文如下：

軍隊之撤退：（甲）巴基斯坦政府同意：（一）在七星期內，將巴基斯坦軍隊，撤出贊木克什米爾領土，其程序為在最初三星期內，撤出二十個步兵營，及合於比例的砲隊與支援單位，在其後的二星期內，撤出其餘的巴基斯坦軍隊，只留八個步兵營。至第七星期末，全部巴基斯坦軍隊，包括其彈藥及儲存物資，盡行撤出該邦領土。（二）巴基斯坦政府，設法將部落人民撤出贊木克什米爾邦領土之後，應繼續設法將仍留在邦內但非該邦居民而係因作戰而進入的巴基斯坦國民，撤出該邦領土。（乙）印度政府同意：（一）接照委員會徵得印度政府同意的撤兵程序，將其大部分軍隊撤出克什米爾邦。一俟委員會通知印度政府，謂原非贊木克什米爾領土居民而係因作戰之故進入的部落人民及巴基斯坦國民業已撤退，並謂巴基斯坦軍隊，正從事贊木克什米爾邦撤退時，印軍撤退，應即開始。（二）一俟雙方政府接受本休戰條件，委員會即公佈印度軍隊的撤退程序，及巴基斯坦軍隊的撤退程序。（丙）上列甲、乙兩款所述的行動，將在委員會經由其軍事顧問的監督之下完成之。

一般的規定：（一）巴基斯坦軍隊撤退區將由地方當局在委員會監督之下管理之。（二）一俟本條件被接受，委員會即從事與印度政府諮商關於印度及克邦軍隊的處置情形，以期着手實施委員會一九四九年一月五日的決議。（三）一切戰俘在一個內月內釋放。（四）一切陸上地雷，應由埋雷一方，迅速起出。

（五）在贊木克什米爾昭告全境人民：和平，法律及秩序，將予確保；一切人權及政治權利，皆受保障。（六）本條款不妨碍贊木克什米爾邦的領土完整及主權。（七）本條款不妨碍總監職權。（八）本條款一俟雙方政府接受，卽生效力，並將由委員會公佈之。

印度政府對於上述方案，提出若干先決條件，始允作進一步的磋商。第一、阿薩德克什米爾軍隊三十二營的解散與解除武裝，應列入調處方案中，並尅期實行。印度軍隊在克什米爾的撤退，其進度卽以上述部隊之解散與解除武裝之進度爲前提。第二、倘委員會發現無法大規模解散阿薩德克什米爾軍隊並解除其武裝，則印度將視其係未曾完成停戰協議。第三、關於北部人口稀少地區，印度堅持應在重要戰略據點，有駐軍防守的權利。同時倘巴基斯坦的一切軍隊，無論正規軍或非正規軍，未完全撤出克什米爾，則印度政府將有權得在北部地區內所有據點或任何其他駐點駐軍防守。第四、關於印度軍隊撤退計劃，非至委員會的調處方案全部達成協議，不得通知巴基斯坦。

巴基斯坦方面認爲准許印度軍隊在克邦北部人口稀少地區駐軍，實無必要，反足以造成紛亂與不安。巴基斯坦願意遵照調處方案，設法使部落人民及原非贊木克什米爾居民僅爲作戰而進入該邦的巴基斯坦國民的絕大部分，撤出贊木克什米爾。同時願將全部巴基斯坦軍隊撤出，但如不能獲知印軍的撤退計劃，則巴基斯坦政府將無從據以定出雙方軍隊互相配合的撤退程序，因此，這是一個極待研討的問題。

印、巴雙方一開始就無法就撤軍問題的先決條件，取得協議，因此委員會乃不得不於一九四九年十二月三日，向安理會提出報告，承認其調處任務，無法達成，其報告中的結論部分，可視爲委員會已對克邦糾紛的瞭解全貌，亦不失爲委員會調處工作中的另一收穫，玆錄其結論全文如下：

「克什米爾爭端的起因，非常深遠，兩自治領內政治上，經濟上，宗教上的激烈暗潮，使印度及巴基斯坦間的此項爭端，無法迅速獲致簡單的解決，此種暗潮在立國的初期，往往是互不相容的。委員會在各次談判中，常常感到阻碍雙方政府退讓的猜疑，勉强，躊躇態度、大部份係因上述暗潮所致。這些態度如不存在，雙方政府定願作種種讓步，以便利協議的達成。但雙方政府深明其爲聯合國會員國的責任及義務，雙方深盼克什米爾問題，能獲最後和平解決，委員會對於此點，決不置疑。

「因此，委員會於草議本報告書時，故意避免對兩當事國間關係的已往許多複雜事實，作客觀的評論，雖然對全部關係的認識，無疑地可以增進對任何一個問題的了解。委員會認爲不如祗討論因印度及巴基斯基坦同意實施一九四八年八月十三日及一九四九年一月五日決議案的規定而引起的具體問題。但委員會必須指出，阿薩德軍隊的處置，雙方軍隊的撤退，以及北部地區的防衛及行政等問題，已使休戰本身成爲終極目標。如撇開其他考慮不論，而將此等問題完全視爲舉行公民投票的先決條件，則謀求能使雙方政府滿意的解決辦法的困難與此等問題的重要性，殊不相稱。

「該兩決議案所載的協議，爲邁向最後解決的一個步驟。雙方政府的代表，始終向委員會保證，願意履行義務，由於上述進展的關係，戰事已於一九四九年一月一日停止，七月間的克拉蚩協定，已劃定停火線，安全理事會當前重大目標，可算業已實現，雙方政府設法遵守停火協定以及彼此合作以矯正並減少在就地劃界以前不時發生的地方性事件看來，顯然可見雙方政府皆不願使用武力。

「安全理事會授與本委員會的調查事實眞相的任務，亦已完成。從前此拖延極久的談判，可以徹底明瞭本案的眞相。此爲一項重要成就，使印度及巴基斯坦政府不能向着克什米爾爭端的解決迅速邁進的各項主要問題，以及雙方政府認爲其願意履行諾言的條件，現已非常淸楚。委員會深信既有本次調查爲基礎，聯合國此後行動，定可更有效力。

「委員會在促使雙方對履行義務問題，達成協議的各項努力中，曾採用各種不同的方法。在過去數月內，委員會分別與雙方政府的代表，進行談判，曾主持聯合國會議，（按指五國委員會會議），曾向雙方政府提出委員會根據多次磋商結果擬成的提案，亦曾提議雙方對休戰問題的爭執，提付仲裁。

「調查階段現已結束。委員會認爲在其任務規定範圍以內及依其一九四八年八月十三日及一九四九年一月五日決議案規定所作的努力，一切可能的調解方法都已經用過了。在此變化多端的情況之中，八月十三日決議案的規定，在經過極長的期間之後，又受到實爲達成協議的障碍的長期的有關解釋的牽制，已不足以應付該邦境內的實際情形，因此，委員會無法突破現已不合時的方法，進行調查。贊木克什米爾邦，仍未照八月十三日決議第二部分的規定，解除武裝。而在該邦未解除武裝前，卽無從進展公民投票的籌劃。

「克什米爾問題必須獲致解決，且委員會認爲必可獲致解決。爲求達到此項目標，必須早日確立適當情況，俾公民投票得以擧行，使該邦人民得自由表達其對該邦前途的願望。

「委員會對於五人委員會是否爲繼續擔任此項工作的最適當最有伸縮性的機構一點，頗表懷疑。委員會認爲今後主持此項談判，以由一人負責爲更有效。欲求談判成功，必須經常與當事兩方積極磋商。委派代表一人，負擔全部責任，並授與廣大權力，爲謀求促成此項爭端的解決所必需的均衡及折衷的實用方法。

「最後，委員會認爲巴基斯坦政府既已接受將關於休戰的各項問題，提付仲裁解決的建議，而印度政府亦已聲明對憲章所規定的仲裁原則，不表反對，此項程序能否採用，誠應速加考慮」。

委員會中比利時代表，在上項報告書之後，另附一重要聲明，指出印度政府在克邦公民投票未舉行前，即令克邦參加印度制憲會議，勢將引起嚴重後果。（按印度製憲會議，在憲法未頒訂前，代行印度國會權力。一九四九年五月二十七日，印度交通部長阿雅翁迦，**Gopalaswami Aeyangar**，（曾代表印度出席安全理事會），曾提議於印度製憲會議議事規則附表第四段後，增列一款，即准克什米爾得由該邦邦督諮商該邦首相同意後，以遴選方式，推派代表，正式出席印度製憲會議，此案經獲通過）。巴基斯坦政府於獲悉詳情後，即曾請求聯合國調處委員會，就此迅速採取行動，以糾正印度政府所造成之情勢。委員會當即轉報安理會，但當時安理會認爲對此問題如採取任何其他行動，恐難有具體效果，故未作其他處理。比利時代表特在報告書中附此聲明，自應爲世人所注意。

印、巴兩國在申述對調處方案的意見時，曾爭執所謂北部人口稀少地區的管轄權與防守權。此一地區，實指克什米爾北部的邊遠地帶，其中包括拉達克，巴爾迭斯坦，吉爾吉迭及洪沙區等地。全區皆係崇山峻嶺，北部是高聳的卡拉可蘭山脈，平均高度一萬八千呎，向南迤延，環繞克什米爾山谷的北部及東北部，此區全部形成印度河的盆地。北部山道的高度，爲一萬五千五百呎至一萬九千呎，南部及南部山道的高度，爲一萬二千呎至一萬六千呎。此等山道，一年約有五個月至七個月爲大雪所掩蓋，不能通行，只有沿印度河的路線，纔是全年可以通行。居民則集居在河流所至的山谷內。食糧勉可自給，居民所穿毛衣，皆本地製造。主要輸入品是鹽，茶，糖及火油，經由我國新疆，巴基斯坦，克什米爾本部及印度分別取得。自從吉爾吉迭與斯卡多及列城築有輕便機場以後，加以吉爾吉迭與巴拉柯迭路已可通吉甫車，生活必需品以外的其他物品如良好布匹，肥皂，香煙等，亦開始多量輸入此一區域。

一九四八年四至八月間，阿薩德克什米爾部及吉爾吉迭回教軍隊，曾東進至距列城（拉達克首邑）三十英里處，後經印軍猛烈反攻，始重克卡基爾，德拉斯，斯卡多等地。上述地區除斯卡多外，其餘皆在停戰線以南，故巴方堅持印軍實無理由派兵駐守停戰線以北之地區，印度則要求該區民政，由克邦政府管理，防務則由印軍負責。雙方歧見，終未協調。

就平時情況而論，上述地區與克什米爾本部及其與印度的聯繫，實遠比其與巴基斯坦的接觸困難。其對外的陸路交通，可概分爲三個系統。第一類係通往我國新疆與中亞細亞的貿易路線。其中包括蘇附（新疆省）—敏塔卡山道 Mintaka Pass （一五，四五〇呎）—洪沙—吉爾吉迭—齊拉斯線。俄屬土耳其斯坦—瓦卡（阿富汗）—敏塔卡山道線。張拉 Chang La （一八，三七〇呎）—列城線。這幾條路線，皆須越過崇山峻嶺，商人使用，只在全年四個月至五個月的通行期間，而且只有載貨牲畜可以通行。第二類係與克什米爾山谷的聯絡線，其中包括亞斯多—白齊爾•卡姆利山道 Burzil Kamril Pass （一三，五〇〇呎）—哥雷斯 **Gurais** —脫拉巴—斯林拉迦—哥雷斯線，長七〇哩，已可通吉甫車。卡基爾—德拉斯—昨齊拉山道—斯林拉迦線。列城—烏甫希 Upshi — 塔格蘭拉山道（Taglang La Pass 一七，四七九呎）—馬拉里 Manali—枯魯（印屬東旁遮普省），此線長三百哩，遙長艱險，跨山越嶺，全年只有四個月可以通行。第三類係與巴基斯坦的聯絡系統，包括斯卡多—朗多—吉爾吉迭—旁基—齊拉斯—巴白薩—巴拉柯迭　淸維涼線，全長二七二哩。另外一條是齊拉斯起下溯印度河至哈薩拉區 Hazaror 。吉爾吉迭至齊拉斯，已可通吉普車，將來更可展伸至斯卡多。除上述陸路交通外，從巴基斯坦的拉瓦平底，亦已有通吉爾吉迭與斯卡多的航空線。前者航程一小時三十分，後者約兩小時，除凜冽天氣外，全年皆可飛行，但必須繞道印度河山谷飛航。

這上述人口稀少的北部地區，因其與我西藏及新疆接壤，特別是拉達克與我西藏在宗教上有密切的聯繫，而洪沙及吉爾吉迭區與我新疆又有宗教與貿易的關係，同時西北方更爲阿富汗與俄帝，因此它雖缺少經濟價值，而其戰略性的重要，對印度和巴基斯坦，可以說是相同的。聯合國調處委員會之不能就此此取得兩國協議，毋寧爲顯然的事實。

第八章　聯合國代表再度調處

聯合國安全理事會，接受聯合國印度巴基斯坦調處委員會一九四九年十二月三日所提報告中的建議，由安理會委派代表一人，替代前所組織的五人委員會，授以廣泛權力，前往印度大陸，協助雙方政府解決一切未決問題。一九五〇年因正式委派狄更生 Dixon 爲調停人。負起前此五國委員會之調停任務，狄更生抵印後，經與尼赫魯及里阿瓜阿里罕分別會談，發現双方距離過遠，因建議任其自然發展，自爲巴基斯坦所反對。同年七月狄更生乃宣佈調處失敗。一九五一年三月三十日，安理會再度通過任命美國國防人力局局長葛量洪博士 Dr. Frank D. Graham 擔任此項職務。六月三十日，葛量洪抵達克拉蚩，七月二日始與印度總統卜拉沙德會晤於新德里。彼時印、巴雙方，已有若干新情勢的發展，使調處工作，遭致比前更爲辣手的困難：（一）一九五一年四月三十日，克什米爾製憲會議業已成立，爲此，安理會曾早在三月三十日，基於巴基斯坦的不斷報告與喚起注意，已曾通過一項決議，指出所謂克什米爾製憲會議，如作任何決定，將不能被認爲係發生有決定克什米爾最後地位的任何意義，可見該邦不顧安理會決議，居然成立製憲會議，即係對葛量洪的調處，予以抵制。（二）印、巴雙方互控對方在停戰線內擴增兵力，破壞停戰協定。（三）印度政府對葛量洪之出任調人，僅表示禮貌性的接待，而官方從來未正式承認其地位。但葛量洪仍圖全力達成其任務，向雙方政府，首先約法三章：（一）雙方應重申決不援用武力，並應相互約束其國內的報紙與廣播，不從旁鼓噪。（二）雙方應重申決維持一九四九年一月一日所已達成的停戰協議。（三）雙方應重申在聯合國監督下，舉行自由的公民投票，以決定克邦前途的信心。然後，葛量洪認爲，祇須有三個月的時間，便可以將克邦撤軍問題解決，那時就可以舉行公民投票了。葛量洪的約法三章，都是原則性的，双方並無不可克服的困難，至少雙方政府決無理由可以公開反對，但是到了接觸到撤軍的實際條款，便又重複擱淺，不能向前。自一九五一年六月開始，葛量洪即奔走於雙方之間，從事折衝，直到一九五三年二月十四日，乃向雙方提出最後的十二點建議，但仍未能取得兩國的同意。其十二點建議於下：

印度政府及巴基斯坦政府：

一、重申決不訴諸武力，願遵守和平方法，並特別保證關於贊木克什米爾問題，決不彼此從事侵略，發動戰爭。

二、同意由兩國政府應各令其官方發言人並籲請全國公民，人民團體，出版界，廣播電臺，勿作好戰言論，或煽動人民因贊木克什米爾問題對對方發動戰爭之言論。

三、重申願意遵守一九四九年一月一日生效之停火協定及一九四九年七月二十七日之克拉蚩協定。

四、重申接受下述原則，即贊木克米爾邦應歸併印度抑巴基斯坦一問題，應經由在聯合國主持下舉行自由公正之公民投票之民主方法決定。

五、同意：聯合國調處委員會一九四八年八月十三日及一九四九年一月五日兩次決議案中，所計擬之贊木克什米爾邦解除軍備計劃如下列第七條所述者，應一次連續完成之。

六、同意：此項解除軍備程序，應在九十日之時間內完成之。自本協定生效之日開始，但印度政府及巴基斯坦政府如另作決定，則不在此限。

七、同意：解除軍備程序之實施，應在以上第六條所云期限屆滿時，達成如下之情勢：

甲、在停火線之巴基斯坦方面：1原非該邦居民，係因作戰進入該邦之一切部落民族及巴基斯坦國民，均已撤退。2巴基斯坦軍隊已撤離該邦。3阿沙德克什米爾軍隊之大規模解散及解除武裝，已告開始。至解除軍備期限屆滿，應只留一支六千人之部隊，此部隊根據本協定第九條之規定，應在行政上及行動上不屬巴基斯坦軍總司令部之指揮，此部隊將無裝甲及大礮。

乙、在停火線之印度方面：1邦內印度軍隊之大部分業已撤退。2上項行動完成後，尚留在該邦之印度軍隊及克邦軍隊，已陸續分別撤退或撤減。至解除軍備期限屆滿時，應只留一支二萬一千人之印度軍隊，包括土邦部隊，此項部隊將無裝甲及大礮。

八、同意：解除軍備程序之實施，不論在上述第六條所稱期限之內或以後，皆不得在任何情形之下，造成對停戰協定之威脅。

九、同意：在此問題尚未最後解決前，巴基斯坦軍隊撤離之區域，應由地方當局在聯合國監督下管理之。此項規定，一俟前述第六條所稱解除軍備程序停火線兩方完成後，即告生效。

十、同意：印度政府應至遲於上述第六條所稱解除軍備期間之最後一日，設法使公民投票總監正式派定。

十一、同意：下文臨時條款中所稱解除軍備程序之完成，不妨礙一九四九年一月五日決議中所規定付與公民投票總監關於軍隊最後處置辦法所擔負之職務與責任。

十二、同意：關於下述臨時條款中所計擬之解除軍備程序，雙方如發生任何爭執，應卽交聯合國代表之軍事顧問決定之。如仍不能同意，應交聯合國代表決定之，聯合國代表之決定，應視爲最後決定。

臨時條款：本協定一俟印度政府及巴基斯坦政府批准依據第五、六、七及八條之規定，而擬之解除軍備計劃後，卽告生效。此項計劃之草案，由印度政府及巴基斯坦政府之代表，在聯合國主持下，並由各該代表之軍事顧問予以襄助，開會草擬之。第一次會議，應在以上協定簽字後兩星期內舉行。

上述十二項建議，經葛量洪徵得印巴雙方政府同意，卽據以爲一九五三年二月四日起，雙方代表在聯大主持下擧行會議時之談判基礎。惟商談結果，關於第七條撤兵部份以及其他若干處所，皆不能獲致協議。葛量洪遂於同年三月二十七日，向安理會提出報告，承認調處工作之失敗，但報告中仍殷殷期望於克邦問題之可於早日解決，其結論中特別指出：「一、贊木克什米爾人民，期待聯合國調處委員會所通過，並經印巴兩國政府所同意的兩個決議案內擧行公民投票一諾言之實現，爲時已逾四年。東、西兩方人民，均引領盼望在此贊木克什米爾高原上，能創一範例，深望關於公民投票的協議，能卽爲此歷史悠久，文物美麗的克邦人民且由此等人民付之實現。此爭端一經協議解決，該邦人民將益能策勵奮發，重新努力。其所獲自由的光芒，將從此世界的屋脊，映徹各地，無論山谷峻嶺，田野林園，學校家庭，寺廟商店工場各處人民的生活，俱將沐其光輝，並且將可號召遠近一切爲爭取自由而奮鬪的人民。(二)印、巴雙方果能達成協議，則對印、巴兩國本身，將亦有積極性的價值。至少可以證明印、巴兩國政府在不妨碍各自的觀念與主張的前提下，能以和平解決爭端已久的克什米爾爭端的方法，進一步採取一個果敢與合作的步驟，能與建設性的和平方式尋求解決，而不是以武力解決或長年消耗，不了了之，後者勢必招致國際仇恨，使兩國人民創傷累累，其崇高利益及精力盡付犧牲。同時克什米爾問題獲得解決以後，可能有助於其他問題如撤退人員財產及水道等爭執之解決，此種發展，俱促以振奮此兩國人民的精神及生產計劃。（三）際此舉世人民渴望和平之時，世界面臨劍拔弩張的情勢，印度人民如欲身先表率，化暴戾為祥和，使人類不陷於毀滅，而趨向自決和平合作之途徑，此次誠為千載難逢之機會。克什米爾爭端之解決，其影響遍及四萬萬人民，可能成為一個趨向和平、生產及希望的連鎖作用的開端。各國人民間的裂痕，將為人類友愛之情所融化，轉而共同謀求世界之自由與和平。但此一任務之達成，與其由聯合國代表繼續向安全理事會提出關於爭執情形的報告，毋寧希望四萬萬人民的領袖們，能在聯合國善意的督促與協助下，共同磋商，最後並宣告克什米爾協議的達成，在人類追求和平的崎嶇道路上，燃起一把火炬。」

葛量洪博士的結論，將克什米爾前途的解決，訴諸人類的良知，印度既以甘地先生的非暴力主義與愛人哲學相標榜，世人亦自有理由希望印度眞能「率先表現」。事實上，早在一九四九年一月五日，聯大調處委員會於徵得印、巴雙方同意後，業已向聯大秘書長，推薦美國海軍上將尼米玆 Chester W. Nimitz 為克什米爾公民投票總監，並於同年三月二十四日正式任命。尼米玆為美國海軍耆宿，第一次世界大戰期中，服務於大西洋艦隊，戰績卓著，一九三五至一九三八年任海軍署長，一九三九年起擢升署長。珍珠港事變後，調任太平洋艦隊總司令，予日海軍以毀滅性的打擊，屢奏奇功。戰後退休，其出任克什米爾公民投票總監，自屬卓有餘裕，但自一九四九年三月職務發表後，直至一九五三年四月，葛量洪博士二度調處結束，始終仍未正式就職，亦未能開始工作，因雙方撤軍問題未解決，公民投票即無從開始。

我們研究印、巴雙方爭執最厲之點，還是撤兵數量與撤兵性質的問題，亦即葛量洪十二點建議中的第七點。印度政府的基本態度如下：（一）印度政府不同意在所謂阿沙德克什米爾區內得保留任何軍事部隊。因此舉無異否定贊木克什米爾政府對巴基斯坦軍隊撤退區的主權，且在撤退區佈置軍隊，顯然構成對克邦安全的威脅，而所謂阿薩德部隊，實與巴基斯坦軍隊具有連繫，且與巴基斯坦軍隊屬於同一系統。以阿薩德克什米爾與巴基斯坦地域之接近，其對克邦安全之威脅，乃更為嚴重。（二）倘認為巴基斯坦撤退區，需有一支維持治安的武力，則印度同意可在該區組織一支民兵，並配備順利履行其任務經認為適當之武器。此項兵民，包括武裝保安隊二千人，非武裝部隊二千人。其中半數並可由阿沙德克什米爾的殘部改編。（三）所謂阿沙德克什米爾政權，不得聽任其繼續在此區域內以集體名義或經由其各部長個別執行職務。凡巴基斯坦政府任命之官員，應一律停止工作，地方當局不得與巴基斯坦政府維持任何關係，地方行政應由當地官員，在聯合國代表之監視下辦理，此等官員須能有效公正的執行職務，嚴格注意自由公正之公民投票的需要及條件。印度政府並認為聯合國之監視，必須充分普遍有效，俾確保此區域能維持和平及秩序，並能有合理程序之行政效率。（四）印度政府認為所謂印度軍隊之「處置」，應解釋為「處理」，而並非即指裁減或撤退。因印度必須在克什米爾內保留軍隊，以充防禦及維持治安用途。克什米爾過去所受外來侵略之蹂躪極重，印度認為如何始克確保該邦之安全，使免再遭外來侵略之蹂躪，極為重要。此一問題之重要性，不遜於內部治安之維持。因此，印度軍隊之撤退，及印度軍隊留駐克什米爾之兵力，均應視此最重要之因素而定，應足以在任何時候，保障該邦之安全，抵抗任何形式之外來侵略並敉平內部紛亂。

印度此一基本態度，正是根據「巴基斯坦乃係侵略者」的理論，而又避免對阿沙德克什米爾，予以任何形式上的承認，至於印度在克什米爾的地位，那是一個不容懷疑的，主權國對其所屬領土負責保障其安全的，並執行其政令的地位。據此立論，自然無法接受葛量洪博士所提出的調處建議，因為它即使是最公正的，切合事實需要的，也不能為印度政府所接受，至於所謂以公民投票決定克邦前途，在這種情勢下，舉行與否，都不過是形式上的表演而已。問題是既已劃定停戰線，印度便無法經由戰爭以外的手段，對停戰線對方的阿沙德克什米爾，予以事實的控制，而印度乃希望聯合國調處委員會或聯合國代表，替印度達到這個目的，這與巴基斯坦所持的態度，距離當然很大。

談到這裏，我想更應補充說明，葛量洪博士所提建議中，關於雙方留駐克邦的兵力數量，已然是採取了印度的意見。一九五二年七月，葛量洪博士向雙方政府所提供參考的撤軍數額，巴基斯坦撤退區可保留三千人至六千人，印度方面留駐一萬二千人至一萬八千人。請雙方在此範圍內達成協議。惟此項兵額，既不包括撤退區之吉爾吉迭及北方斥候隊三千五百人在內，亦未包括印度方面之克邦民團在內。安理會於同月廿三日，遂通過由英美兩國本此原則所共同提出的一項決議草案，請印度及巴基斯坦政府自本決議案通過日期起三十日內，就此向安理會提出報告。印度政府當即聲明不能接受，但巴基斯坦政府旋即表示，願意以作爲進行談判的基礎。到了一九五三年二月十四日所提出的十二點建議中，卽將印方撤兵數額，定爲二萬一千名，這顯然是與印方幕後折衝的結果，但印方到了談判時，仍然是不願意接受。

基於上述情勢，巴基斯坦對葛量洪十二點建議的態度，自然也不願接受，他們所持的理由如下：（一）根據一九四八年八月十三日聯合國調處委員會的決議，此決議曾經印巴雙方接受，其中規定巴方承擔之義務爲：盡力設法使一切部落民族退出贊木克什米爾邦；使一切原非本地居民僅爲作戰而進入該邦之巴基斯坦之國民，退出贊木克什米爾，並同意將巴基斯坦軍隊撤出克什米爾，印方承擔之義務爲：當印度政府接獲聯合國調處委員會（現爲聯合國代表）通知，謂部落民族及巴基斯坦國民業已撤出，以及巴基斯坦軍隊正在撤退時，印度政府同意卽與委員會（現爲聯合國代表），議定分期撤兵之辦法，開始撤退該邦印度駐軍之大部份。在雙方接受最後解決之條件前，印度政府將在停戰線的界線內，保留公認爲協助治安之最少必需軍隊。依據此項決議，巴基斯坦軍隊之撤退，係以印度撤退其「大部份」軍隊爲先決條件。旋經調處委員會解釋，兩國政府軍隊撤退在時間上之配合，將由兩國總司令部與委員會協同洽辦之。巴基斯坦遂於一九五三年二月五日，正式聲明，祇要以上列原則爲基礎之滿意協定一旦達成，巴基斯坦政府卽將開始履行其依協定所擔負之一切義務，但問題的癥結，是在聯合國代表，如何能使印度同意撤退其在克什米爾的大部份軍隊。

（二）根據安理會一九五二年十二月二十三日的決議，印方留駐克邦兵力最高額爲一萬八千人，巴方爲六千人。此一限額乃係安理會理事英聯合王國與美利堅合衆國，就停戰線雙方的軍事需要仔細考慮後決定的，巴基斯坦已表示願意接受，作爲談判的範圍，印度却予以反對。現葛量洪的十二點計劃中，却將印度駐軍額擅自增高爲二萬一千人，實予阿沙德克什米爾以最大的安全威脅，且與安理會一九五二年十二月二十三日的決議相牴觸。

（三）聯合國代表所建議之數字，除滿足印度一方的希望外，實無其他目的，此項數字毫不顧到關於停火後阿沙德克什米爾方面安全之同樣需要。此種在印度强橫態度下連續讓步的情形，實際上等於贊助印度的態度。此種情形，不啻對印度政府明白示意，由於它採取强橫態度的結果，印度終究必能依照印度的條件訂立休戰協定。

（四）巴基斯坦從未接受印度所說的，克什米爾已經是印度領土的說法，不管尼赫魯說什麽，巴基斯坦是不採納的。因此對於阿沙德克什米爾的存在，巴基斯坦認爲這是事實，不是印度所可能抹煞的。

葛量洪從接受調處任務的時候開始，一直就糾纏在撤兵數量和撤兵性質的問題上，因此對於雙方撤兵的數額，祇希望能調整到一個雙方可以接受的程度，以爲這個問題解決了，就可以調處成功了。他忽略了一個基本的概念，即前文所說的，印度認爲克什米爾已是印度的領土，而巴基斯坦却決不承認克什米爾已經加入印度。這癥結的問題不能解決，撤兵問題自然也就永遠的得不到一個結論。在一九五三年二月日內瓦的最後一次雙方談判中，巴基斯坦外長沙弗諾拉罕甚至提出，巴方同意印軍可保留至二萬八千人，同時並撤退巴基斯坦所有的軍隊，祇須印度不干預阿沙德克什米爾的事務。這個條件，印度也斷然予以拒絕，照印度看來，此無異承認阿沙德克什米爾已非克什米爾政府所能行使主權的區域，當然是不能接受的。可見撤兵數量問題，也不過是一個表面的文章而已。

葛量洪博士於一九五三年二月最後一次約集印、巴雙方代表，在日內瓦談判失敗後，乃於同年三月廿七日向安理會提出最後一次報告，結束了他兩年調處的使命。從此印巴之間的糾紛，又進入到雙方首相直接談判的階段。

第九章　尼赫魯，阿里，談判

一九五三年四月，巴基斯坦前任駐美大使阿里 Mohammed Ali 出任巴基斯坦首相。六月聯邦國協總理會談在倫敦舉行，其時葛量洪博士在克什米爾的調處工作，已因無法獲致協議而宣告結束，尼赫魯與阿里，乘出席倫敦會談之便，遂就印、巴兩國間各種懸案，作非正式的交換意見，當時双方同意於會後在克拉蚩舉行兩國首相會談。同年八月，及一九五五年五月，又舉行同樣性質的會談兩次，其中均曾以大部分時間，直接談判克什米爾問題。由於双方對此一問題的基本態度皆堅持成見，因此事實上並未因會談之舉行，產生絲毫積極性的效果，但是双方又並未從安理會撤回原案，因此從一九五三年起，聯大對克什米爾的調處工作，實際雖陷於停頓，但就法律的觀點言，本案固並未結束，所以雙方每遇對方在其停戰線以內有所行動，即提請安理會注意。印、巴兩國同屬聯邦國協的分子國，但每年的聯邦國協總理會議，也對此均避而不談。

一九五三年七月二十五日至二十八日，尼赫魯與阿里，在克拉蚩舉行首次會談。關於克什米爾問題，會談後發表的簡短公報中，有如下的協議：「兩國首相會談中，曾以大部分時間，就克什米爾糾紛，從事廣泛的討論。此項討論乃屬必要的預備性質，已曾相互了解對若干主要之點彼此所持的態度以及尋求解決的困難。首相們並已為進一步的商談建立基礎，盼不久能在新德里繼續晤談。」

從此一公報文字的意義及克拉蚩會談此一事實所造成的印象，當時似顯示雙方均有誠意尋求最後解决什的方案。但接着在克什米爾却發生了「政變」，曾忠於印度而又被譽爲「國大黨之友」的克邦首相，錫罕阿布多拉，突於八月九日被捕，以巴克希哥蘭摩罕默德 Bakshi Ghulam Mohammed 代之，其中經過，很是值得我們注意，錫罕阿布多拉何故被捕，何人策動，似與新德里希圖加强對克什米爾傀儡政權的控制有關。

一九四七年，錫罕阿布多拉之所以能出任克邦首相，是因爲他從一九三三年起，即已從事反多格拉王朝與反英運動，具有足够的政治資本，而同時尼赫魯又急於利用他，使成爲印度與克什米爾間的橋樑。一九五〇年一月，克邦停戰線劃定以後，錫罕阿布多拉所致力的工作，是加强其個人的領導地位，同時並以追求克邦之獨立爲其最後理想。印度則處處防阻其走向獨立的公開行動，圖控制錫罕阿布多拉，使成爲唯命是聽的傀儡。一九四八年起，聯合國調處一再失敗，錫罕阿布多拉的獨立意嚮乃愈表面化，且屢次發表公開演講。新德里方面，也一步緊似一步，終至造成所謂「政變」。

錫罕阿布多拉，自始堅持下述的信念，也就是他的基本認識：（一）克邦之加入印聯，祇是暫時的，其最後地位，當取決於聯合國監督下的公民投票。（二）印度內部之印回宗教仇恨一日不能消除，則克什米爾之加入印聯，將決不會是毫無保留的。（三）克什米爾雖已加入印聯，但其地位與其他各邦之併入印度者不同，換言之，除國防，外交，交通外，其他政治權力，仍應操之於克什米爾，亦即印度現行憲法，將不能全部有效行之於克什米爾。這三個基本認識，第一點在事實上已成僵局，第二、三兩項，亦無不發生問題。一九五二至一九五三年間，印度大印度教會黨 Hindumahasabha（參拙著印度獨立與中印關係三二三頁）黨魁莫克基 Mukerjee，在印度及克什米爾，曾積極發動排回，企圖在克什米爾排除回教人的政治力量。一九五三年四月二十日，莫克基曾在帕迭阿拉發表演講，聲稱「克邦的回教徒倘不願和我們合作，讓他們走路好了，但克邦一定要是我們的，它對印度的安全，關係太密切了」。莫克基曾深入贊木，煽動印回仇殺，一度被捕，釋放後於六月病死於斯林拉迦。甚且有人指係錫罕阿布多拉的謀害，可見印回間感情不睦，當時在克什米爾已成爲嚴重問題。大印度教會黨的理論甚妙，他們說單拿克什米爾的人口來計算，當然是回教徒居絕對多數，但是克什米爾既已加入印度，那就祇能算是印度的一邦，而在整個印度內的回教徒，却祇佔少數中的最少數，因此克什米爾的回教徒，並無充足理由，一定要居於統治者的地位。錫罕阿布多拉，原以推翻多格拉王朝爲號召，孰知現在他自己，也被印度的印度教徒，指爲革命的對象，這當然是他所不能忘懷的。他說印度境內印回仇恨一日不能消除，則克什米爾之加入印聯，將決不會是毫無保留的，這話的含義，自極明顯。

說到克邦讓渡與印聯權力範圍的問題，歧見更大。錫罕阿布多拉於一九五二年六月，透過所謂克邦的製憲會議，未商之於印度，卽逕自廢除多格拉王朝的世襲王位，改爲五年一任的邦督制，同時製訂新的克什米爾旗，以取代印度國旗。克邦境內的印度教徒，受印度大印度教會黨的煽動，曾高喊「一個憲法，一位元首，一種國旗」，以示反抗，但錫罕阿布多拉貫徹到底，新德里亦無法予以阻撓。

一九五二年七月二十四日，尼赫魯與錫罕阿布多拉，曾簽立一項所謂共同八原則，規定：（一）克什米爾與印度人民具有共同公民權，且承認克邦人民得享有若干特權，（二）克邦邦議會將決定產生邦督之程序，其所推選之邦督，任期五年，經由印度總統任命之。（三）基於歷史的與情感的理由，准克邦得自有邦旗，但印度國旗在克邦仍可懸掛。（四）印度總統有特赦與大赦之權。（五）印度總統根據印度憲法第三五二條規定，遇侵略，外患，內亂時，得在克什米爾行使緊急權力，但遇內亂採取行動時，須得克邦議會之同意。（六）克邦人民所得印度憲法中關於基本人權之保障，應附有若干限制，例如克邦決定沒收地主土地不予補償，即與憲法所予印度一般人民的保證不同。（七）遇克邦與他邦或與印聯中央之間發生爭端時，印度最高法院有最後裁決之權。（八）關稅問題，將繼續磋商。

上述八原則，與其說是錫罕阿布多拉的勝利，不如說是尼赫魯的以退爲進策略。新德里方面亦頗有人懷疑，印度能否徹底控制克什米爾，事實上錫罕阿布多拉也極不滿印度的越權控制。自一九五二年夏天開始，他曾一再公開批評新德里的政策，甚且宣稱一九四七年克邦之請求加入印聯，乃係經由印度所一手造成，而非當時民意的表現。「今天克什米爾的人民，應有權自營其獨立自由的生活，不容任何人干預」。一九五二年正是聯大調處失敗，國際間流傳着應准克什米爾贏得獨立地位的時候，因此錫罕阿布多拉的公開演講，自然更引起新德里的重視。

尼赫魯於一九五三年七月自倫敦出席聯邦國協首相會議，歸途於克拉蚩與阿里首相會談後，曾相約就克什米爾問題，再繼續舉行談判，已於前文提及。八月初尼赫魯偕土邦關係部部長卡迭約 Dr. K. N. Katju 突訪克什米爾，接着克邦副首相巴克希哥蘭摩罕默德，又奉召前往新德里會談，到了八月九日，遂發生了所謂政變，錫罕阿布多拉被捕。當時經過的情形如下：

八月六日克邦內閣會議時，錫罕阿布多拉與開發部部長沙拉夫 Sham Lal Sanaf 即席發生衝突，會後錫罕阿布多拉命沙拉夫遞辭呈，沙拉夫抗不受命，並稱內閣同僚皆不贊同錫罕阿布多拉的政策：「你在歷次公開演講中所發表的荒謬政策性聲明，以及你對內閣同僚所表現的專橫態度，已在這裡造成危險情勢。倘使我辭卸在內閣中的職務，將使你的氣焰更加高漲，因此我決定繼續留任，庶其不負人民對我的信托，特別是因爲我所代表的是少數集團，我更應該在緊要的關頭，堅守崗位」。沙拉夫是印度教徒，他所代表的「少數集團」在所謂克邦製憲會議中，勢力渺不足道，但他竟敢以此對抗錫罕阿布多拉，顯然另有背景。接着於八月七日，巴克希哥蘭摩罕默德，多格拉 Girdhari Lal Dogra，沙拉夫等三人又聯名發表致錫罕阿布多拉的公開信，指其「意圖在全邦人民中製造猜疑與不安，特別是在贊木與拉達克區域。因此我等不得不通知你，現內閣的行動與原定目標不符，已失去人民信任，不能發揮健全，有效而明朗的行政領導作用。」

八月九日，邦督召錫罕阿布多拉進宮晤談，命其「與各方領袖協商解決」，錫罕阿布多拉拒不參與，離宮後卽被拘捕，當晚由巴克希哥蘭摩罕默德發表一長達十四頁的廣播演講，指錫罕阿布多拉受外國聳恿，搞獨立運動，「這種由外國帝國主義者搞起來的獨立運動，無疑將使印度或巴基斯坦新獲的獨立與自由，遭受嚴重的威脅，其後果必使克邦演變成韓國第二」。其後於一九五五年三月十八日，巴克希哥蘭摩罕默德向克邦製憲會議宣佈，倘使尼赫魯同意，彼願公佈錫罕阿布多拉與尼赫魯間的秘密緘電，來證明自從一九四九以來錫罕阿布多拉的態度，「他早已爲外國所利用，他早已不贊同克邦加入印度」。尼赫魯自然反對同意這時來公佈，他向國會報告：「我不反對來公佈此類文件，但我懷疑此舉有助于解決實際問題。此類函件和談話紀錄的公佈，恐無法產生友好解決的空氣」。過去一般的看法，總以爲錫罕阿布多拉是代表克邦人民要求加入印度的，現在却證明了原來他「早已不贊同克邦加入印聯」。

八月十日，尼赫魯向人民院報告克什米爾的局勢，他極力强調克什米爾的特殊地位，暗示印度尊重這種地位，遇事不願超越法律範圍，干預克邦內政，換言之，要在此時造成一種印象，卽克邦所發生的「政變」，與新德里毫無關連。他說：「克邦雖已於一九四七年加入印聯，但已曾明確表示，一俟適當機會到來，克邦人民應自決其前途。對此我們自始卽予以重視。克邦地位特殊，其在憲法上所居特別地位與印聯之關係，應予以確認。此一原則旋經印度製憲會議採納，而克邦上項地位之變易，自亦應由該邦製憲會議表示。克邦讓渡與印聯的權力，已指明爲外交，國防與交通。一九五二年的德里八原則，曾就此增列若干細節，但主要者仍限于上述三種權力。印度政府對克什米爾的情勢，經常保持接觸，但從未加以干預，僅儘其可能，助其發展，並保障其內部安全。兩星期前，巴克希哥蘭摩罕默德偕米沙。阿夫沙・貝格曾訪德里詳談，顯示克邦內閣中已有顯著分裂現象。數日前有若干閣員公開表示反對錫罕阿布多拉，且得製憲會議議員的多數支持，僅貝格附和首相。」尼赫魯的報告，將錫罕阿布多拉被捕事，輕輕帶過，但巴基斯坦方面，顯已察覺此中情勢之嚴重，阿里遂于八月十日電促尼赫魯舉行德里會談。

最初，尼赫魯頗不同意在克什米爾「政變」之後，立卽舉行印、巴會談，他主張展延至九月間，而且一再聲明，克邦內政，印度尚且不願干預，因此也不能在兩國會談中提出討論。阿里則堅持應卽在德里晤談，八月十六日，因飛赴德里與尼赫魯會晤。四天以後，發表聯合公報，雙方同意克邦前途仍應取決于公民投票，而且公民投票總監，至遲應于一九五四年四月到任。表面看來彷彿這次德里會談，已獲得具體成就，但幕後的暗盤，却全然不是如此，在許多舊問題之外，又加上了新的爭執，最主要的有下列幾項：

第一、公民投票總監問題。一九四九年三月，聯大秘書長曾任命美國前太平洋艦隊總司令海軍上將尼米兹，出任克邦公民投票總監，當時印度並未提出反對，巴基斯坦則表示歡迎，四年來由于調處方案中撤軍部分迄未獲得協議，故公民投票總監亦並未正式就職。此次印、巴兩國首相會談時，尼赫魯忽提出此一問題，主强應另產生總監人選。他認爲尼米兹曾是美國最傑出的一位軍事領袖，而最近三年來國際情勢已有顯著變化，東西兩大集團對峙之局，益爲明顯，因此以尼米兹出任總監，實與現時的國際情勢極不相宜，更可能影響印度的「中立政策」。阿里對此初未堅持成見，但主張仍應由國際間適當的權威人士出而主持公民投票，或由印、巴兩國共組委員會主持。尼赫魯對此皆不贊成，理由也很簡單，這是原則性的問題，倘印度認可印巴共同負責，則與印度指控巴基斯坦爲侵略者的原案相背，倘在國際間另覓適當人選，則任何一國國籍的人士出任總監，皆將與所謂「國際情勢」牽連，因此，他最後主張，應由克什米爾邦政府，自行監督公民投票，這當然也不是巴基斯坦所能接受的。結果，尼米兹自無法再接受總監的職務，而所謂克什米爾的公民投票，乃較前更爲遙遠渺茫。

會後于九月三日，尼赫魯曾就此致緘巴基斯坦首相阿里稱：「我願明白表示，我們方面並無意排除聯合國對克什米爾問題之調停，公民投票總監，應在聯合國監督下執行任務。但是很明顯的，聯合國如望對解決本問題能有所裨益，勢應首先得到印、巴兩國合作的同意。因此，未得我等同意，而望從聯合國得到解決方案，那是不可能的」。

一九五四年三月五日，尼赫魯又向印度國會就此作進一步的解釋：「自從兩年前克什米爾製憲會議成立以來，我們的鮮明態度已曾在安理會及其他地方表示。我們認爲該製憲會議，對克邦歸併問題或其他問題，皆有完全自由，自行決定。不過，我們方面，自將信守已作的國際諾言。至于說到否決該製憲會議決議的問題，從來不會發生，自然我們也無權否決。該民選的製憲會議，具有充分的權力，可用任何方式，表示他們的意願。就我們看來，贊木與克什米爾歸併的問題，在法律上或憲治基礎上，都已于一九四七年完成，已不發生批准或複決的問題。然而，我們已曾說過，克什米爾人民，應予以機會，對其前途，表示意願，我們並已同意在適當條件下，舉行公民投票。我們一直維持此一立場，並信守爲獲得公允和平的公民投票所必需具備的條件。祇因爲這些條件未能具備，因而公民投票一再延遲。」尼赫魯的此一政策性聲明，可謂由衷之言。問題却在爲甚麽所需要的條件不能具備？誰應該負責？倘使我們不願意解決某項問題，而指其無法解決，其間自然存在着極大的距離。

第二、分區投票的問題。德里會談中，雙方曾討論分區舉行公民投票的問題，而以克什米爾山谷開始，以測驗民意所歸，至山谷以外各區，也仍需分區投票，視其總結果，然後決定克邦前途。此一腹案與以前所提出的公民投票原則，不僅舉行的方式大不相同，而且事實上也近于分割性質，同時何人監辦公民投票，亦無最後決定。其不能實行，是可預見的。巴基斯坦方面並提出克邦難民逃往巴基斯坦者，將來應獲准返回取得投票權，尼赫魯則稱此一問題複雜，不能草率解決。

以上兩大歧見，並未見諸雙方會談公報，顯未獲致協議，但會談內容，却由印、巴雙方報紙于會後透露，故阿里與尼赫魯同時皆成爲各該國輿論抨擊對象，此次會談，事實上並無補于克邦糾紛之解決。

一九五五年五月十五日，巴基斯坦首相阿里，偕內政部長米渣 General Ishander Mirza，又飛赴新德里，與尼赫魯擧行第三次直接會談，除繼續討論克什米爾問題外，並就如何約束邊界衝突及維護宗教古物諸問題，交換具體意見。此時東南亞國際情勢，已有若干大事發生，對印、巴兩國間之糾紛，自不無間接影響。第一、巴基斯坦已正式接受美援，此事已被尼赫魯指爲「威脅印度安全，構成解決克什米爾問題之新障碍」。第二、東南亞反共公約，已于一九五四年九月正式在馬尼剌簽字，簽約國包括美、英、法、巴基斯坦，菲律賓，泰國與澳大利亞及紐西蘭，相約以共同防衛力量，維護本區集體安全，此又被印度指爲係「造成世界緊張局勢，將冷戰已帶入東南亞洲」。第三、印度，印尼，緬甸，錫蘭及巴基斯坦等可倫坡會議集團諸國所發起的亞非國家萬隆會議，經已召開，所謂「和平共存五原則」，「反戰，反侵略，反殖民帝國主義」的口號，正在新德里高唱入雲。第四、巴基斯坦自治領已完成各種準備工作，擬宣佈成爲獨立共和國。第五、共產國際對東南亞國家，已發動全面和平攻勢，尤以爭取印度爲最厲。在此情勢下，印、巴兩國重開克什米爾談判，其不易獲致任何協議，是可預見的。

印度參與會談的人員，除尼赫魯外，尚有教育部部長阿沙德 Manlana Azad，內政部長潘迭 Paudit Pant，曾提出五項先決條件與兩個前提，作爲初步討論的重點，這五項先決條件，卽一、培養並維持和平氣氛。二、從巴基斯坦佔領區，撤退所有部落民族與巴基斯坦國民。三、公民投票期間，留駐克邦部隊的數量與性質。四、對阿沙德克什米爾地方政權的含義及其產生。五、維護克邦人民的基本權利。另外還有兩個討論前提，即美援巴基斯坦問題與承認克什米爾兩年來的建設成果。這些先決條件和討論前提，一開始雙方即無法達成諒解，自然談不到進一步的公民投票問題了。

印度執政黨國大黨機關報，印度斯坦時報 Hindustan Times，於評述此次會談時，曾强調指出：「假如克什米爾的公民投票不可能舉行，其責任應該由巴基斯坦政府負責。無論如何，克什米爾人民已曾毫無錯誤地表示了他們的意願，且將堅持此種意願和選擇。目前所剩下來的，祇是巴基斯坦佔領區的人民，尚沒有獲得自由表達意志的公民投票機會」。此一觀點，如屬代表印度官方的態度，則所謂公民投票一事，將永遠祇是宣傳而已，經過這次的尼赫魯與阿里談判，克什米爾糾紛，已較前更為僵化。

第十章　共產國際覬覦下的克邦

克什米爾在地理位置上，正處於俄帝共匪的雙鉗攻勢之下，而克邦內部宗教的仇恨，地主與農民間的衝突，多格拉王朝與被統治者之間的鬪爭，又無一不易爲印共所利用，故早在第二次世界大戰以前，共產國際就已在克什米爾展開活動，到了一九四七年印、巴爭奪克什米爾之戰起，共黨分子的工作，也就格外加緊。

一九五五年十二月俄帝總理布加寧與俄共書記赫魯雪夫應尼赫魯的邀請，曾訪問印度，並於九日及十日先後在克邦首邑斯林拉迦發表演講。布加寧謂：「克什米爾是在印度北方，克什米爾人民已自行決定該邦成爲印度的一部分」。赫魯雪夫以俄共書記的身份，發言更肆無忌憚，他說：「克什米爾和我們蘇聯中亞細亞的加盟共和國，塔吉克、吐谷曼、烏茲別克最爲接近，而且又是你們的首相，我們所敬佩的尼赫魯先生的家鄉，因此我們樂於接受邀請，來此訪問。這裏的氣候和農產品，正像我們中亞加盟國一般，我們到了這裏，好像已呼吸到我們所愛的祖國中南亞部分的空氣。在我們的代表團裏，就有着從烏茲別克，塔吉克來的團員。在那裏的居民，是信奉回教的，但是在我們的國家裏，信奉回教和他種宗教的人，又有甚麽分別呢？我們沒有這種分別，因爲所有我們的人民，都是偉大的蘇聯所重視的一分子」。

「爲甚麽發生有所謂克什米爾問題呢？這決不是克什米爾人民製造的，而是有某等國家，爲了他們本身的利益，在殖民主義長期壓迫下新獲自由的國度裏，所蓄意煽動挑撥起來的。他們這樣做，只顧達到自己的目的。他們使一個民族，反對另一民族，從而獲取特權，或在經濟上使成爲其附庸。我們不必提出這些國家的名稱，這是大家都熟悉的。有比這更荒誕的事，就是這些國家竟毫不掩飾的說，他們有興趣要使這問題更加惡化」。

「克什米爾問題曾在安理會討論，我們蘇聯代表已將我們的態度，明白的表達。我們一直認爲克什米爾問題，應由克什米爾人民自行決定，這是符合民主原則的，而且可以加强此一區域的睦鄰關係。很客觀的來看，蘇聯自始對克什米爾人民懷抱着忠實的友情，他們中愛好和平的民主力量，已曾與進步的，最能瞭解克什米爾人民意願的，印度的愛好和平的力量，建立起友好關係。事實證明，克什米爾人民不願成爲玩具，被掌握在帝國主義强權的手心裏。但是這也正是某些强國，籍口援助巴基斯坦，所要達到的目的」。

「克什米爾屬於印度的一邦，這問題已經由克什米爾人民決定了。這是他們自己的事。我想印、巴，雙方最好能在本區維持和平相處，唯有這樣，兩國始能發展。我們和印度，已曾建立最密切的友好關係。我們能建立此種關係，是基於人所共知的和平共存五原則」。

「現在的巴基斯坦政府，已公開承認，與美國獨裁者有密切連繫。他們首先參與倡議荒謬的巴格達協定，這顯然不是爲了國際和平。他們容許在其領土內建立美國軍事基地，這些地方都是最接近蘇聯邊境的。我們已公開聲明，美國在巴基斯坦境內建立軍事基地，毫無疑問的，是針對着我們，而且由於巴基斯坦的積極活動，目前他們還想再爭取更多國家，加入巴格達公約。伊朗政府竟也加入公約接受帝國主義者的支配，眞使人惋惜。我們很坦白的說，蘇俄從不曾支持，也永不會支持凡加入巴格達公約，或者其他反蘇公約的國家。這個公約是反蘇反一切愛好和平國家的，我們的目的，自然要削弱這軍事的聯盟。我們誠意希望愛好和平獨立的印度，能國運昌隆，日益强大。」

「巴基斯坦政府對我尙有另外的不友誼行爲。巴基斯坦外長曾約見我國駐巴大使，勸阻我和我的朋友布加寧，拒絕你們的邀請，不來訪問克什米爾任何一處地方。這是干預他國人民事務前所未有的怪例，以前從沒有任何人，膽敢放肆教我們，甚麼地方可以去，甚麼地方不應該去；甚麼是我們應該或不應該作，甚麼人我們應該選擇作友邦。我們壓根兒不喜歡巴格達公約，不巧巴基斯坦偏偏是公約國中的最活躍分子，雖然他們的加入，是得不到絲毫益處的。但是我們願意忍耐，而且深信他們所作的一切必將成爲泡影，徒然增加不快。巴基斯坦的外交部又告訴我們的大使，不希望我們訪問我們的鄰邦阿富汗。說這種話的人，未免太過火，也太看得起自己了。阿富汗是我們的好鄰邦，與我有長期友好關係，我們希望籍此行加强我們之間的友誼。我們同樣也希望與巴基斯坦保持睦鄰友好，但如果蘇、巴關係不能增進，這却不是我們的錯誤，當然，我們當盡最大努力，力求改善。」

赫魯雪夫的演講，已是最清楚不過的，說明了蘇俄對克什米爾處心積慮的陰謀之所在，同時又證明了蘇俄根本不把安理的決議，當作一回事。

巴基斯坦首相阿里，對布加寧和赫魯雪夫的演講，曾於十二月十一日在克拉蚩發表了一項駁斥性的聲明。阿里指出：「據報布加寧總理，日昨在斯林拉迦的演講中，曾謂克什米爾在印度的北方，克什米爾居民是印度人民的一部分。昨日布加寧的同僚，俄共書記赫贊雪夫更說得過火。據報他不僅說克什米爾是印度的一部分，而且肯定的說，克什米爾人民已自行決定，變爲印度的一部分。

「這眞是非常的演講，出自一個反殖民主義國家的領袖們之口，這個國家而且是安理會的理事國，安理會已曾決議，克什米爾歸併巴基斯坦抑印度，應由自由的公民投票來決定。凡高擧自由及民族自決原則的人們，必爲此大爲驚奇，因爲對克什米爾的人民，竟不准其享有自由和自決權力。

「克邦現被印度軍隊佔據。公民投票不獲擧行。凡克邦領袖之要求公民投票者，正被那仰仗印軍刺刀而非民意支持的印度傀儡政權，予以暴力鎭壓或拘捕，這如何能解釋爲克邦人民已自決成爲印度的一部分。

「爲要辯護蘇俄對克什米爾糾紛所持的態度，據報赫魯雪夫先生曾提到巴基斯坦是巴格達公約之一員。他誣指公約非爲和平，其目的僅在接近蘇俄領土的巴基斯坦境內，建立美國軍事基地。此等指控，是毫無根據的。我們已一再宣佈，巴格達公約純屬防衞措施，並不反對任何一國。巴基斯坦決無意准許任何一國，得在其境內建立基地或利用其領土，作爲侵略之用。巴基斯坦從無侵略他國的構想，更不必說去侵略蘇俄。巴基斯坦加入巴格達公約，旨在保障本區集體安全，並增强國際和平。這是每一國家必有的權力，事實上亦爲蘇俄所簽字的聯合國憲章所明載的權力。

「很奇怪此事竟引起蘇俄領袖們的迷惘，且以此作爲他們目前對克什米爾糾紛的態度作辯護•赫魯雪夫先生曾謂，克什米爾問題，是克什米爾人民自己決定的事情，其實這也正是安理會決議的前提，應在聯大監督下，舉行公民投票，以決定其是否加入巴基斯坦抑印度。

「赫魯雪夫先生又說，克什米爾不應變成爲帝國主義者手中的玩具。我們完全同意。不過就布加寧元帥及赫魯雪夫先生的演講看來，似乎蘇俄的領袖們，正想把克什米爾當作玩具，來幹更危險的玩意，不僅將擴大印、巴兩國間的矛盾，且勢必惡化國際緊張局勢。

「單就克什米爾問題來看，本最明顯。克什米爾四百萬的居民，不能長此無限期忍受武力的奴役，他們要求有權自決。應該給他們有權自由選擇加入巴基斯坦抑印度。聯合國已有諾言，我們巴基斯坦也是如此。

「世上無人可否認我們有權援助克邦人民獲有是項權力。不問時間如何遙遠，前途如何困難，我們必堅決朝此邁進。克什米爾人民的奮鬭目標是合於正義的。是一定勝利的。」

紐約時報於十二月十一日，亦有社論抨擊俄酋言論之荒謬，該報指出：「赫魯雪夫對克什米爾問題所發表的言論，不只是對巴基斯坦，而且是對所有愛好和平與正義的國家和人士的一種不友好行爲」。「蘇俄領袖們謂克什米爾經由人民自決，已成爲印度的一部分的說法，完全是一個大謊言」。「蘇聯是安理會中參與處理克什米爾問題的一個國家，却居然說已照印度所希望的獲得了解決，這至少已說明此後有關克什米爾問題在安理會的討論，蘇聯是不够資格發言的。而且也無異證明了，蘇聯認爲聯合國過去所作的決議是不對的，而印度所造成的既成事實，却是正確的。」

代表印度執政黨的印度斯坦時報，對布加寧，赫魯雪夫的演講，却認爲不過是「說明了一項事實，毫無疑問的事實，而且承認此一事實。巴基斯坦首相及美國報界，希圖對蘇聯領袖們所說的話，提出質疑，那是徒然的」。

赫魯雪夫、布加寧在斯林拉迦的演講，原已十分明顯，但我們不妨再看一看印共所發表的主張。此類文件極多，且拿一九五七年二月二十四日印共機關報新世紀的社論爲例，該報於評述安理會討論克邦問題時稱：「印度今天面對帝國主義者籍口解決克什米爾問題，企圖干預我國內政的國際陰謀。過去數週中，安理會裏會出現醜惡的魔手，企圖拖印度下水，准許外國軍隊在聯合國旗幟下，進入印度。印度代表梅嫩先生，爲維護印度的獨立，曾如此提出警告：『三百年來，從克萊弗到威里斯里，從威里斯里到達爾侯洗，到肯寧，明妥，到林里資哥（以上皆英國駐印總督），印度曾一再試圖從外國軍隊的鐵蹄下，解放印度領土。料本安理會亦不敢要我們接受外國軍隊進入我們的神聖領土』。梅嫩先生的奮鬪精神，得到印度人民的共鳴。」

「那時我們獨立纔幾個星期，當時是誰煽動並組織了寇軍攻擊克什米爾呢？那就是英國軍官和特務，於一九四七年卵翼所謂巴基斯坦的部落民族，攻擊克什米爾邊區的。那是英國總督蒙巴頓，他曾力圖阻止─事實上會延緩─我方派遣援軍。當攻擊最危險的時辰，那又是這個英國人蒙巴頓，他使用壓力不讓印度軍隊，於一九四七年越過烏里前線。那還是蒙巴頓的謀略，要印度答應了公民投票，並要尼赫魯上訴至安理會。」

「九年以來，每當此一懸案進入險境時，英美在安理會中就聳慂巴基斯坦，並提出危險性的建議，諸如撤軍，聯合國警察武力，乃至瓜分等。一九五一年反對召集克邦製憲會議的，也就是他們。今年的情形亦復如此，由於英國的主動，美國的支持，在安理會中就出現了最近的緊張情勢。梅嫩先生的話就是很好的證明，他說：『由於英國在中東的冒險，最近在克什米爾的冒險，已使得英、印關係，趨於緊張。』」

新世紀的論調，旨在煽動印度人民的反英情緒，故結論中提出了印度應即退出聯邦國協的主張。印共書記哥希 Ajoy Ghosh 於同年二月十七日，在競選宣言中，並歷述印共對克什米爾問題的態度：「一九四八年，我們共產主義者，曾警告國大黨政府，反對將克什米爾問題，提往聯合國，但尼赫魯却聽從了蒙巴頓的惡意建議，忽略了共產黨的愛國主張。一九五一年，共產黨又力斥聯合國調處人的陰謀。公開宣傳克什米爾應與印度聯合。一九五三年，當錫罕阿布多拉被貶的危急時機，共產黨又曾事先提出警告，『克什米爾獨立』口號的危險性，而且我們曾大聲疾呼的喚起注意。」

從克里姆林宮的獨裁者，到印共黨徒，對克什米爾的處心積累，其實早開始於二次世界大戰以前。一九三〇年在克什米爾所發生的農民暴動，據威廉巴頓爵士 Sir William Barton 的判斷，當時即係受布爾雪維克的影響。（見巴頓著，印度的王子 Princes of India by Sir William Barton, London Nishet 1934 P. 127）蘇俄作家如馬志多 I Mozdur 雖不承認這一次的農民暴動，是共產主義者所領導，但却明顯地指出：「唯有在印度共黨的領導之下，農民們始能從地主與帝國主義者的手裏，取得到土地」。

到了一九四六年五月，錫罕阿布多拉領導囘教徒會議黨，發動了一次「從克什米爾滾出去」的反王公運動，這運動立刻爲共產主義者所利用。蘇俄的印度問題專家狄亞柯夫 A. M. Diakov 曾謂：「第二次世界大戰以後，克什米爾的民族運動，是以推翻王公統治，建立民主共和國，予人民以自決權力爲目的。其時，領導分子仍多爲接近印度國大黨左派的克什米爾中產階級，一直到了一九四六年，才有工農大衆積極加入，在國民會議的影響下，接受了民主的方案」。(India and Pakistan By A. M. Diakov)

一九四七年印、巴爭奪克什米爾之戰爆發，錫罕阿布多拉政府成立，共黨分子遂得到了充分滲透活動的機會，從這時期開始，共產國際的工作，係集中於三方面：第一，假手克什米爾的製憲會議與克邦政府、儘量擴張勢力。克什米爾製憲會議主席沙狄克 Ghulam Mohammcd Sadiq，卽係共黨分子，曾在國民會議黨中，一直居於領導地位，一九五〇年春，曾於斯林拉迦發起擁護「國際和平」會議運動，韓戰期中，又曾發動「反細菌戰」宣傳，支持共黨，沙狄克與印度共黨領袖，經常保持密切聯繫。此外，克什米爾的學聯，工聯，文化陣線，青年聯盟等，皆已爲共黨所滲透。克邦政府的政策，特別是在經濟政策中，表現其業已師法共黨。所謂土地改革，早在一九五三年，卽已在大力推行，地主土地，無價沒收，連同公地，重新分配與耕農，每名可得一·二三英畝。其時已有約十四萬農民，分得上項土地。又俄式集體農場與合作社，亦已在試辦，其他生產事業亦多收歸邦有，至於所謂「人民的政府」，「人民的自衞隊」，「人民的軍隊」，乃至「自由」，「民主」與「和平」等字眼，亦已成了製憲會議中的口頭禪，連斯林拉迦城中的中央廣場，也易名爲紅色廣場。第二，利用新疆，西藏與克什米爾長達九百英里的邊界線，向克什米爾滲透。一九五三年四月，巴基斯坦外長沙弗諾拉罕，卽曾向北平僞政權提出抗議，認其越界侵入吉爾吉迭。克什米爾與我新、藏接界處，交通不便，大兵團自不宜于行軍，但現代化噴射空軍的活動，顯可不受此種限制。俄、匪在新疆，西藏趕築空軍基地，早已是公開事實。第三、企圖使整個克什米爾問題，成爲共產國際與自由世界間的另一冷戰項目。俄帝在安理會內外所持的策略，是將印、巴糾紛的責任，歸咎於英美的「撥弄」，所以一直不願見安理會的調處，能獲絲毫成就。同時，又不願見克邦人民有擧行公民投票的機會，因爲公平的公民投票，結果極可能使克邦歸併於巴基斯坦，而巴基斯坦是屬於反共陣營的，這樣就無異增强了反共的力量。另一方面，俄帝亦不願見印度眞能全部合併克什米爾，也不願見克什米爾獨立，因爲在這兩種情形下，均將不利於共產國際的滲透活動，但俄帝明知印度欲單獨取得克什米爾爲不可能，因此在外交上，又僞示支持印度的立場，布加寧與赫魯雪夫的演講，卽係此一策略運用的證明。

第十一章　美援巴基斯坦

一九五四年五月十九日，巴基斯坦外長沙弗諾拉罕，美國駐巴大使館代辦艾密遜 John K. Emmeson，分別代表美、巴兩國政府，在克拉蚩簽訂了一項美國軍援巴基斯坦的協定，此項協定因屬行政協定性質，毋需經過美國參院的批准，故簽字後即可生效。該協定規定巴基斯坦應遵守者爲：

一、巴基斯坦運用此種援助，應限於保障其國內安全與合法自衛，或參加區域聯防與聯合國集體安全之措施。

二、巴基斯坦不得有從事侵略之任何行動。

三、巴基斯坦如未事先得美協議，不得運用此種援助作爲規定範圍以外之用途。

四、巴基斯坦在不損及安全之情況下，應採取適當步驟，使公衆瞭解根據本協定所從事之各種活動。

五、巴基斯坦應共同負起維持並增進世界和平之責任。

六、巴基斯坦應對美國或對美、巴雙方所同意之國家的政府，提供設備與服務之便利，以加强其防衛並支持聯合國下之集體安全。

七、爲了兩國間之相互安全，巴基斯坦應與美國合作，對威脅世界和平之國家的貿易，予以管制。

八、爲履行上述條款所需之行政費用，應由巴基斯坦自理。

上項軍援協定的簽立，不僅使巴基斯坦得以納入自由世界的中東北區聯防陣線，將反共的力量，延伸到了印度半島的西北，更逼近蘇俄的南部側翼與中國大陸的西南邊疆，同時也使巴基斯坦本身的防衛力量，得以大為增强，其目的之不在「侵略」印度，却是很顯然的。

早在一九五四年二月，巴基斯坦已曾和北大西洋公約組織之一的土耳其，開始了土巴共同防衛條約的談判。根據二月十九日克拉蚩所發表的一項公報，聲稱土巴兩國政府本於一九五一年所訂立的友好條約精神，已同意研究完成兩國間更密切合作—在政治、經濟以及文化方面—的方法，即將締結一項政治經濟及防衛的條約，以加强所有愛好和平國家間的和平與安全。上項條約經於四月二日正式公佈，其要點為：一、兩國依據聯合國憲章第五十一條之精神，將在國防與安全上密切合作，其有關之具體問題，當另以專約規定，二、兩國將不得與其他第三國簽立任何違反本約精神之條約並承擔其義務，三、凡亞剌伯同盟國家，且為締約兩國所共同承認，積極重視本區之安全與和平者，皆歡迎與之締結同等條約，四、本約一俟雙方各依憲法程序批准生效之日起，雙方卽當採取合作行動，付諸實施。

土巴防衛條約的締結，已為美國軍援巴基斯坦舖路，事實上早在一九五四年一月中，當巴基斯坦首相訪問美國時，卽已曾向艾森豪總統提出軍援的要求。二月二十五日美方宣佈，決軍援巴基斯坦，以加强中東地區的防衛力量。同時艾森豪總統並致緘印度首相尼赫魯，說明美國此項行動，決非反對印度，彼本人更將親自遏阻上項援助有任何「不當」之使用，並保證如印度需要同樣援助，美必予以最友善的考慮。

尼赫魯對美國的建議，不予考慮，同時力斥美國軍援巴基斯坦，將增加世界緊張局勢；使亞洲重回到西方國家的殖民時代，並使東南亞洲的「中立」形勢，受到嚴重的影響。「我們印度如果接受美國的軍事援助，即變成無原則的投機分子。巴基斯坦如接受美國軍援，必將使印、巴之間關於克什米爾問題的解決，完全改觀」。「美國負責當局，認爲必須以實力團結，方足以打擊共黨在亞洲的活動，可是我們亞洲國家，特別是我們印度，決不接受此種政策，也不願意接受任何國家的控制，不管是爲了甚麽目的」。

美國決定軍援巴基斯坦，美國當時估計印度可能的反應及美印關係未來之發展，究係持何種看法，亦頗值得注意。對於此一問題的答案，我以爲當時美國駐印大使艾倫 George V. Allen 的談話，頗具代表性，至少在某種程度上可以反映美國官方的意見。艾倫在回答「美國新聞與世界報導」的記者專訪時，曾强調指出：

「美、印兩國在外交政策上，對若干特殊問題，有着不同的主張，例如印度已承認中共僞政權，我們並沒有；印度極力反對在太平洋區再試驗核子爆炸。我們也反對印度參加韓國政治會議。最近，印度又禁止美機經過印度領空飛往法屬越南，而最尖銳的辣手問題，還是印度反對美國軍援巴基斯坦」。

「今天，美國外交政策的基本原則，是致力於集體安全的建立。我們相信阻止第三次世界大戰爆發的最好方式，是經由自由國家自願都加入集體安全的制度。印度却不相信這種集體安全制度，他們在試圖創立一個所謂『世界獨立區域』，他們避用『中立』一辭。印度感到東方的新興國家，剛獲獨立，應儘可能團結，而不應加入世界任何一强國集團」。「他們承認以聯合行動抵抗侵略是必需的，但是今天支配印度思想的，主要還是民族主義。他們新獲獨立，牢牢地要守住獨立。他們對任何似將使西方統治地位重返東方的事物，皆極端疑懼」。

「印度並不指責我們經援巴基斯坦。我相信最近我們以相當數量的麥子，贈與巴基斯坦，印度頗爲欣賞。他們並未公開反對經濟援助巴基斯坦。目前關於經援與軍援究有何實質分別，已是許多人在辯論的問題。當尼赫魯指責巴基斯坦接受美國軍援時，巴基斯坦首相曾謂，印度爲何對此反對呢？印度接受了美國的經援。假如美國給予印度五千萬美金的經濟援助，印度就可挪出相當數額的款項，用以購買軍備，試問這有何分別？我以爲在財政意義上的分別很小，主要的還是心理上的影響。你知道，巴基斯坦願和我們簽立軍援協定，這是我們對所有受援國所要求的，協定的內容，是符合聯合國憲章反侵略與自願合作抵抗侵略的原則的。但是，每當任何一中東國家接受美國軍援，莫斯科與北平便立刻抗議。莫斯科對希臘與土耳其，卽予抗議，最近北平與莫斯科又已向巴基斯坦抗議，但莫斯科從未抗議美國對外的經濟援助，這就是軍援和經援之不同」。

「我想，我們對印度的經濟援助還應該繼續，假如我們要繼續保有領導自由世界的地位，因爲還有政治的，經濟的問題需要解決，世界的問題不能單憑軍事手段來解決」。

「前我國駐印大使鮑勒斯 Chester Bowles 曾提出一項以五年爲期每年兩億美金援印的建議，但國會並未同意。我以爲這麼巨額的經濟援助，印度人也未必需要或接受。當我最近從新德里返回華府前，我曾訪晤尼赫魯，我對他說：『我將返回華府，我假定印度仍歡迎美國經濟援助，如果在這一點上有何變化，我很希望在回華府前獲悉』。他說他歡迎合理的外國援助。我追問他何謂『合理的』，他的解釋是：印度希望能够自力更生，他承認有許多未開發的國家，曾籍助於國外援助開發，但印度寧願儘可能自給自養。他說他不願獲得太多的外援，致使印度人被拖住。

「說到印、巴兩國兵力的比較，我想印度有四十萬人，巴基斯坦有二十萬。以人對人，兩國都差不多，而且多半來自同一地區。旁遮普省就是供給兵員戰士最多的一省。西旁遮普與東旁遮普省的人，外表看來，並無多大區別，不過印度軍隊中却有不少錫克教徒，巴基斯坦部隊中却沒有。以人對人來說，錫克教人是最好的鬪士，同時印度部隊中還包括有來自尼泊爾或其鄰近地區的廓喀爾戰士，這些都是驍勇善戰的。我想印度部隊是很好的軍隊，他們有英軍的傳統，部隊長又多係經由英國創辦的軍事學校所訓練出來的。」

以上僅係當時美國駐印大使艾倫的看法，我們不妨進一步再看看巴基斯坦方面的意見，阿里首相認爲：「印度總理尼赫魯，反對美國軍援巴基斯坦，決非如他所說的，是怕巴基斯坦侵略。以擁有三億六千萬人口的印度，而懼怕僅有七千六百萬人的巴基斯坦，顯屬無稽之談。但你得明瞭尼赫魯內心的事情。今日世界存在有兩個强國集團，而且近於勢均力敵。尼赫魯站在中間，他想仍循中立途徑，從中操縱着一個小國集團。目前西方國家鑒於微妙的世界均勢現象，唯恐印度投入蘇俄懷抱，因多不願觸怒。因此印度以一個弱小國家，站在兩强集團之間，便可作有決定性的舉措了。這就是尼赫魯所想望的，把握着均勢的局面，他便可以從中操縱兩個大國集團。如果另有一個國家能有力量去領導其他小國，那麽尼赫魯的舉足輕重地位便會削弱。爲了這個，他便反對美巴締結軍事援助協定。」

「至於克什米爾問題，印、巴雙方都知道，一旦訴諸戰爭，那將是自殺性的行爲，其有害於巴基斯坦者尤大。目前我們無法解決問題，是因爲兩國兵力過於懸殊，而印度又不願公平的解決。等到兵力相等的時候，我想問題就比較容易解決了。」（見美國新聞與世界報導，一九五四年一月）

美巴軍事協定簽字前，阿里首相曾一再籲請尼赫魯不要反對，一九五四年三月二十九日，阿里致尼赫魯函中曾指出：「我們已請求美國軍援，俾能協助加强我們的防衛，然後可以挪出國內的財力，增加我們的經濟發展。我們相信這樣作法，能更有助於維護本區的和平。我們沒有，我們不可能有任何企圖，藉助此等援助，用暴力來求解決克什米爾糾紛。」「我知道你有不同的看法。你想到軍事援助必定增加緊張局勢與不安全。而且你也認爲，你們所已接受的經濟援助，和我們準備要接受的軍事援助，二者間有着基本的差別。但我却認爲這祇是方式上的不同，其最後的結果，足以增强一個國家的軍事與經濟的潛力，兩種援助都是一樣的。我不贊同你的看法，但我尊重你所誠懇表示的意見，是否我能希望你對我的看法也能同樣得到你的信任呢？」

尼赫魯顯然不願尊重阿里的看法，他回信說：「整個的問題就在你認爲巴基斯坦獲此援助，將增加印度的安全，但我們認爲印度對任何一國的攻擊都沒有甚麽可怕，反之，倘加入强國集團，那就會帶來不安與危險，更不必說這已經是離開和平一步了」。

印度的顧慮，疑忌，乃至發展成爲公開抨擊並反對巴基斯坦接受軍援和納入自由世界的集體防衛組織，其私下的意圖，顯然是要維持其「小國集團中的領袖地位」，並認此「可以不捲入戰爭」。談到克什米爾問題，雖然與此有關，但也未免過於强調，易使人懷疑印度是在故意忽略或曲解美援巴基斯坦的眞正意義，及其所假想的共同防衛對象。

印度何以發生此種思想，顯然不是偶然的，其間必有其深厚背景，有其自信獨厚的理論，我想正可在此試作一簡要的說明。一九四七年英國交還政權與印，古老的印度，終於贏得了獨立，他開始從新認識自己，也恢復了民族的自信心，她的眼中揚溢着前進的光輝，她相信將可活躍於國際舞臺中，作自己的主人，負起時代所賦與的使命和任務。可是環繞在印度四周的國際形勢，也有了劃時代的變化。歐人殖民亞洲的巔峰霸業，已隨着第二次世界大戰之結束而黯然消逝。從十二世紀初期，進入太平洋活動的美國力量，憑籍其高度的工業生產力與潛在的巨大國力，已逐漸取代了歐人在東南亞的影響地位。另一方面，過去四個半世紀中一向被封鎖於大陸的俄帝，現已伸入太平洋與印度洋。曾有一個時期，俄帝被東南亞人民認爲是反西方殖民帝國主義的新興力量，是弱小民族追求自由獨立的同情支持者，現在却證明其侵略的兇狠，却更甚於西方帝國主義，其終極目的，在控制東南亞作爲獨霸世界的後備地帶。美、蘇之間的抗衡日益尖銳，自由與共產鐵幕集團的陣線，益見明顯。印度及其他東南亞國家，一方面對西方勢力之捲土重來，深感疑懼，而同時爲了保持新獲的獨立，從事戰後的建設，又不能不抖擻精神，同時面對共產集團的滲透顛覆威脅，更感缺乏應付鬪爭的經驗。印度在這夾縫中，乃自行設計一套新理論，强調國際和平與中立外交。

很清楚的，印度知道她在東南亞所處的地位，其本身實具有相當優越的條件：戰略位置重要，戰略物資豐富，且地廣人多更具有優久的文化與歷史。她强調近世紀東南亞各國的共同命運，又以發揚古印度的文化相號召，以博取本區各國的好感與重視。同時復自任爲爭取東南亞各民族獨立的急先鋒，一九四六年在新德里召集泛亞洲會議，一九四八年擧行印尼會議，一九四九年倡導緬甸會議，一九五四年更擴大促成萬隆亞非會議，所提出的口號，皆爲反殖民主義與反侵略戰爭，更「調停韓戰，越戰，自居爲國際和平使者」，其在亞非集團中的國際地位，自然逐步升高，西方國家亦莫不對之括目相着，但其基礎，完全建築在所謂「不介入冷戰」的前提上，故惟恐有所謂「緊張局勢」進入印度半島。

印度的理論很簡單，卽所謂以量勝質，以消極的不合作，保持東南亞使免於捲入冷戰的漩渦。他們認爲東南亞洲國家，雖無强大的戰力和雄厚的財力與高度的工業生產能力，但各國所共佔的面積，所共有的人口數量，所擁有的豐富戰略資源，以及分佈於本區的戰略交通要道，皆爲兩大强國集團之所亟欲爭取。因此倘東南亞洲自行團結，不加入任何一强國集團，就可以鬆弛本區的緊張局勢，保有本區的和平，而和平是本區人民所渴求的。印度的理論推行愈廣，印度的領導地位，益日見顯著，因此印度極力反對巴基斯坦之接受美國軍援，唯恐因此削弱其在亞非地區的「和平」領導力量。

印度的理論，頗言之成理，然其弊在忽略了共產國際的終極陰謀，他們並不因爲東南亞想要和平，就不來滲透，不來推行「世界革命」，除非各國自願接受其控制，除非代表自由的力量，皆已絕跡。不幸印、巴之間又互爲水火，因此問題就更趨複雜了。

就美國全球性戰略的觀點來看，軍援巴基斯坦，可以說是一個孕育中的「中東防衛組織的開始」。在過去，西起蘇彝士運河與波斯灣，東至緬甸與馬來亞，這一整個的戰略弧形地帶，係隸屬英國並由英國軍官指揮的東方殖民地部隊，負起了安定與保護的責任。戰後印度，巴基斯坦與緬甸相繼獨立，英國實力的削弱，中東與亞洲民族主義的高漲，加上俄匪有增無已的威脅與尼赫魯的中立主義，這些事實，改變了整個的戰略形勢，一個原來要大部分依仗外力維持其治安與國防的地區，現在却要自己來設法謀求其本身的安定。這個包括近東、中東、印度半島與東南亞的廣大地區，過去和現在，同樣地缺乏組織，沒有團結，沒有近代工業，更沒有替代英國的軍事力量，而在政治意識上却是共產主義發展的最好溫床，同時這裏多數國家的地理形勢，在戰略上都是重要的，且饒戰略資源與人力，因此美國力圖填補此一實力的眞空，籍各種雙邊或多邊協定，迅速扶持並發展共同安全的自衛能力。在印度半島上，就把重點放在一個友好的巴基斯坦上面，而不寄希望於態度模稜兩可的印度。

就空軍的運用而言，在巴基斯坦的飛機場，雖不十分重要，但可補美國在沙地阿拉伯和土耳其的機場與英國在伊拉克的機場之不足，它將使俄匪境內的西南據點，更易遭受攻擊。在這一地區，多數國家的安全，均繫於巴基斯坦。印度雖因中共之佔領西藏而至感困擾，然並未直接受那越過喜馬拉雅山脈的陸路侵略所威脅。從蘇俄南下的最好陸路交通，也要經過巴基斯坦，而盟國艦隊因爲有了克拉蚩，可倫坡與星加坡等港口的運用，便毋須使用印度的海軍基地了。所以祇要能建設一個强大的巴基斯坦在東方，一個强大的土耳其在西翼，加上一個相當安定的伊朗在中間，就可以使俄帝對波斯灣地區的任何侵略，受到一個確定的阻碍。這可以說便是美軍援巴基斯坦的最大目的，顯然不是針對印度的。

另一方面，巴基斯坦人民對美國頗具好感，他們不懷疑美國會有領土野心，相反的，俄匪却構成近在咫尺的威脅。在巴基斯坦正感受糧荒的時候，一百萬噸美國小麥的適時贈與，無疑也增加了巴基斯坦人民對美的良好印象。巴基斯坦人民並不「畏懼」作戰，相反的是他們擁有二十五萬職業軍人組織的部隊，這些都是旁遮普的優秀戰士。在西旁遮普以及西北邊省的一部分，人民最寶貴的財產是武器鎗枝，他們的射擊技術更是馳名全印。巴基斯坦部隊中常常到處有着父子兵，他們服務行伍二十年，並非希罕。又因為他們皆信奉回教，反共思想似乎是不待鼓吹的，然而他們在這裏缺乏新式的裝備和武器，缺乏足够的糧食和現代化的工業建設，這些都是美援可以支助的。

美國選擇巴基斯坦以加強援助，自不能不顧慮印度的「反感」，如前所述，印度注定了要反對巴基斯坦接受軍援，雖然印度本身也在不斷擴軍，但他們說那是不受任何外國約束的自由建軍，與冷戰無關。一九五四年美巴簽立軍援協定時，印、巴克什米爾的糾紛正陷入僵局。印度乃藉美援巴基斯坦為辭，聲言整個的形勢業已改變，過去的談判和協議，自然再不能發生約束的作用了。美國不願因印度之反對而改變「中東防衛組織」之奠基工作，俄帝則正可乘此拉好印度，因而克什米爾問題更趨複雜，印度之敢於在一九五七年進一步造成既成事實，企圖使安理會被迫默認，當然是成竹在胸了。

第十二章　印度撕毀安理會決議

一九五七年一月十六日，巴基斯坦外長羅翁 Feroz Khan Noon，向聯合國安全理事會，就克什米爾問題，提出緊急報告，要求安理會採取行動。自一九五三年巴基斯坦首相阿里，印度首相尼赫魯於德里舉行第三次會談後，克什米爾糾紛，一直未再舉行談判，但「克什米爾制憲會議」，却決定於一九五七年一月廿六日自行宣佈：克邦經已由其民意代表複決，加入印聯，正式生效，並由印度政府認可。印度此一動作，目的自望造成既成事實，完成所謂「法律手續」，毋需再舉行所謂公民投票，便使克邦併於印度。巴基斯坦唯恐此事果爲印度所一手造成，因於十天以前，即向安理會提出緊急報告。羅翁的報告要點於次：

「本人有義務茲向安理會提出報告，根據聯合國調處代表葛量洪博士之建議，印、巴兩國首相應就克什米爾問題，舉行直接談判，上項談判經於一九五三年舉行，但業已失敗。此中主要原因，在於印度政府之橫蠻態度，並不遵守其自作的諾言。目前據報，印度政府將不顧前此安理會所已作之各項決議，擬悍然採取步驟，於一九五七年一月二十六日，强行合併克什米爾。安理會皆知，本問題之解決途徑，實早有國際協定，其最要者爲聯合國調處委員會於一九四八年八月十三日及一九四九年一月之兩項決議，是等決議會經印、巴兩國政府同意，且獲安理會以決議案批准，其中規定克什米爾加入印度或巴基斯坦，應由克邦公民，在聯合國監督下，舉行民主公平的自由投票加以決定。」

「一九四七年八月以前，印度係由兩部份分構成，一爲英人直接統治的英屬印度各省，另一爲印度土邦。各土邦根據其與英人所訂條約及協定，在邦內享有自治權，但並無國際地位可言，其國防、外交與交通三者，由英國憑宗主權實際負責。英國總督卽以副皇地位，代表英皇保持其與各土邦的關係。土邦對外無宣戰、媾和、及與任何外國談判之權，卽使其邦內政務，亦並非絕對自治，派自英皇的政治專員，在各土邦內亦享有得於必要時過問邦政之權，換言之，所有土邦，包括贊木，克什米爾，皆係英國之保護邦」。

「當協議達成，劃分印度爲印度與巴基斯坦時，英國政府並曾宣佈，當兩政權宣告獨立之日，英皇在各土邦所享有之太上皇權卽行終止，各邦將可自由決定，併入印度抑巴基斯坦。蒙巴頓總督彼時以副皇地位，於一九四七年七月二十五日曾警告各土邦，當其決定未來前途時，應考慮宗教信仰，人民願望，以及其所居之地理位置。任何土邦皆不能從其相鄰之自治領處逃走，更不能不顧其負有照顧人民之責任。英國首相於一九四七年六月三日並曾正式聲明，將來巴基斯坦之領土，應由本區東北及西北回教居民佔多數之地區構成，印度則將獲有非回教居民佔多數之地區。因此，邦居民中之以回教徒爲主者應歸併巴基斯坦，亦被公認爲原則。」

「贊木、克什米爾的情勢，極其明顯，雖王公爲印度教徒，但居民中百分之七十七係回教徒，克邦土地與巴基斯坦相接，其政治、經濟、戰略地位，文化關係等條件，皆以歸併於巴基斯坦爲自然。倘使印度政府及其執政的國大黨，能遵守上項規定，或能終始如一保持其本身所選擇的原則，則贊木、克什米爾，約拿干德、以及海德拉巴的問題，將不致發生。」

「約拿干德邦王公爲一回教徒，彼不顧多數邦民爲印度教徒之事實，請求合併於巴基斯坦。印度政府乃嚴重抗議，其所持理由爲：英國太上皇權在土邦結束之日，土邦的主權卽屬於人民全體，一個回教籍的王公，實無權代多數的非回教人民說話。一九四七年九月二十二日，印度政府致巴基斯坦政府之電報中，會謂巴基斯坦之接受約拿干德邦合併，乃係不尊重印度主權領土之完整，且已違反分治時雙方所協議的原則。旋不久印軍卽進入約拿干德邦，將其軍事佔領。」

「海德拉巴邦之情形，尤足以說明印度之態度。海邦面積相當於法國，有人口一千五百萬，其王公爲回教徒，居民則以印度教徒爲多數。印、巴分治後，海邦王公表示不願加入任何一自治領，但願與雙方各締條約，最後則表示願遵從該邦公民之公民投票決定，但印度則不等舉行公民投票，卽於一九四八年九月，發兵侵入海邦，予以軍事佔領。」

「依上述兩邦爲例，是印度之政策，乃係凡非回教徒居多數之土邦，不容其有任何選擇，祇有加入印度之一途，否則，卽予以武力解決。吾人卽援引印度自行訂立之原則解釋，則凡屬回教徒居多數之土邦，自亦應無他選擇，唯有加入巴基斯坦，但在贊木、克什米爾邦的情形，印度却又不守此原則。該邦人民百分之七十七爲回教居民，王公爲印度教徒，王公突請求加入印度，印度卽派兵予以事實佔領，此卽所謂克什米爾糾紛之由來。」

「印度接受克邦之合併要求，在外表上印度政府於一九四七年十月二十七日亦曾表示：一俟法律秩序恢復，入寇部隊逐出，該邦合併問題，仍將由邦民複決。四天以後，印度首相尼赫魯，於十月三十一日，又曾致電巴基斯坦政府：稱『基於該邦王公政府及其代表絕大多數人民，其中以回教徒爲主之民意組織之要求，印度已接受其合併申請，然印度仍提出一項條件，即一俟該邦入寇部隊被逐，法律秩序恢復時，克邦人民將決定其歸併問題，由彼等自行選擇加入任何一自治領，印度保證其將自克什米爾撤退軍隊，使克邦人民得自決前途，此項保證不僅對巴基斯巴政府負責，且對克邦人民與世界負責。』其後於十一月八日，尼赫魯又致電巴基斯巴首相稱：『吾等之建議已曾一再明白宣告，即（一）巴基斯巴政府應公開承擔責任，儘力促使入寇部落退出克什米爾。（二）印度政府應重申諾言，一俟克什米爾法律秩序恢復，印軍即行退出，（三）印、巴兩國政府，應請聯合國儘早負責舉行公民投票』。尼赫魯如此信誓旦旦，並於一九四八年一月一日，將本問題上訴至安全理事會，僞示其有解決問題之誠意，但事實上却一味藉故拖延，或謂有新問題發生，國際形勢業已改觀，原協議已不適用。或在談判時提出種種難題，致使公民投票始終不能舉行，另一方面却專在製造既成事實。」

「就所謂克什米爾製憲會議而言，實際亦不過一種騙局，大部份『未受印度佔領』之地區，並不曾有代表加入，此點姑且不談，僅以其現有組織而言，所有七十五名代表，均係自印度佔領區產生，所謂選舉，亦係在印軍威脅下進行，事實上根本未舉行實際選舉，七十五名代表，均係指定產生，試問其何能稱之爲民主，又如何能指其可代表全體克什米爾公民之意志」？

「爲此，巴基斯坦特請安理會採取如下之行動：（一）喚請印度不得對斯林拉迦製憲會議新憲法中所作有關改變克什米爾地位的決定，予以承認。（二）根據聯合國憲章第三十七條第二款之規定，促使當事國，應依照原有公民投票之協議，此已明載於聯合國決議，注意履行。關於公民投票，前經取得協議，但主要困難有二，一爲撤退軍隊，二爲公民投票總監之正式就職。」

「鑒於印度過去之專事拖延，並爲解決上述兩大困難，巴基斯坦玆願建議，不再就此舉行任何談判，逕由安理會促請有關方面，立卽自克什米爾撤退所有軍隊，並由安理會保證，剩餘之地方武力，置諸安理會之管制下，亦裁減至適當數量。至於保護克邦安全與國際和平之責，則由安理會授權聯合國部隊負責，此等部隊應立卽開赴本區。所有印度、巴基斯坦，及地方之其他部隊，包括非克什米爾人民所組成之警察武力，皆行撤走。同時，由安理會決定一確實日期，使公民投票總監正式就職。如此，則克什米爾之糾紛，雖已至緊張階段，仍不難挽救。」

「巴基斯坦願再聲明，願遵守所有安理會決議與國際諾言，但吾等願說明克什米爾在地理上之統一性，因此在邦內劃分界線之問題，應不存在。同時，吾等所了解之公民投票，乃係指整個的，而不是分區域分部的投票。」

巴基斯坦的上項報告，立卽受到安理會的注意，自一月十六日起，在會中展開辯論。世界各國，特別是安理會理事國，對印度欲一手遮天拿既成事實改變理事會以前的歷次決議，顯然極不同情，加以印度在聯大中，對英法出兵埃及盡情攻擊，而對俄帝在匈牙利的殘忍屠殺，却又罔顧正義，公然支持，故本案一經巴基斯坦提出，印度卽已居於劣勢地位，縱欲强辯，亦不過徒增他人惡感，然新德里方面，並無改變

「原來決定」的意嚮，仍按預安步驟，加緊進行，夢想在安理會中，採取拖延戰術，使其不能在一月二十六日前，獲致決議，這種卑劣而幼稚的手法，自然無法欺騙安理會。我們在繼續敘述這一段冗長辯論以前，不妨在此先看一個重要的文件，就是克什米爾被捕首相錫罕阿布多拉自獄中書寄安理會理事國的公開信，此信曾在一九五七年一月二十日克拉蚩的黎明報 Dawn 發表（該報係回盟機關報），由於錫罕阿布多拉地位的重要，同時他在克什米爾糾紛中，又曾扮演極端重要的主角，故他的自白書，更能使人了解克什米爾問題的眞相，這封信如何能自獄中寄遞至安理會，在目前還是一個秘密。錫罕阿布多拉在公開信裏指出：

「很快發展的事實，顯示安理會即將恢復討論九年來的克什米爾懸案，而且極可能獲得與會諸代表的密切注意，盼能有助於此一糾紛的最後解決。

「在此重要時機，很自然地我極希望能親自出席，向諸代表陳述本問題的主要關鍵所在，並解釋目前緊迫的危機以及我克什米爾人民，是如何渴望能早日脫離奴役壓迫。但是現在却不可能，也許諸位代表業已獲悉，我已被一九五三年八月九日所發動的一次「政變」，刼持在克邦境內的一所集中營裏，快滿三年。我唯一能表達的方式，祇有藉這一封公開信，希望我所敘述的事實，能得到諸位代表先生密切的注意和考慮。

「我獻身於領導反專制反經濟剝削的羣衆運動，已近四十年，其間曾疊遭挫敗，幸有『人民的主權』支持，乃能屢次化險爲夷。我的同志們，不少已經壯烈成仁，不少的仍在遭受磨折。由於印、回分治的悲劇。印、回仇殺的野火，曾燒遍整個印度，無數的生命被犧牲，但賫木、克什米爾彼時幸尚能冷靜處理，致未被捲入旋渦。然而，不幸得很，印度瓜分的後果，却仍然不能放過克什米爾，一枝部落武力，從西北邊於一九四七年進入了克什米爾。克邦王公受此入侵的威脅，遂請求印度的武裝干涉。

「爲使印度的武裝干涉合法，王公乃不得不在加入印度的請求書上簽字。但這樣的『歸併』，印度也明白表示，祇是暫時的，克邦的前途，仍待人民自由意志的表示。一九四七年十二月二十七日，當時印度總督蒙巴頓，就申請歸併印度覆信與克邦王公時，曾謂一俟克邦法律秩序恢復，領土內已無寇兵，土邦歸併問題，應由人民複決決定。一九四七年十一月二日，印度首相尼赫魯，在廣播中又指出：『我們不急於在此危急關頭把事情作最後決定，而不讓克什米爾人民有說話的充分機會。「合併」一定應由克邦人民決定，我們不會也不能不顧他們』。印度對聯合國，對克邦人民，曾作了無數的諾言默契，唯有讓克邦人民經由公平的公民投票，能決定他們的命運。印度口叫着保護我們的自決權力，協同我們驅逐外來的侵略者，就這樣他們才進入了克什米爾。

「一九四八年八月十三日，一九四九年一月五日，聯合國調處委員會曾通過兩項決議，並經印、巴兩國鄭重協議接受，歸併問題，應經由聯合國監督舉行自由而公平的公民投票決定。這種國際默契，對克什米爾人民來說，是很清楚的也並不是奢望的。

「一九五一年，在印度佔領區召集了一個制憲會議，使政府具備憲治的形式。巴基斯坦頗懷疑此一製憲會議將於幕後決定『歸併』問題，曾就此在安理會强調指出。印度聯合國首席代表勞博士 Sir B. N. Rau

於一九五一年三月十二日，三月二十九日，於出席安理會辯論時，曾一再明白宣稱，製憲會議對『歸併』問題將不能作任何決定，印度政府將信守已作的國際諾言。安理會隨後因通過決議，謂『該製憲會議對該邦全部或一部未來的地位，如採取任何行動，均將不得被認爲已可改變上述的原則』。一九五五年二月，尼赫魯首相在印度國會答辯時，却謂克什米爾製憲會議，對『歸併』問題已作的宣告，是『無法改變』的，所以不發生『後果』。同一時期，安理會建議印、巴兩國應擧行直接談判，求得和平解決。

「本人當時以回教徒會議黨領袖地位，亟望依照人民的願望，使問題能早獲解決，同時經與本黨執行委員磋商，並得該委員會之專案高級小組委員會的批准，因就解決上項問題的變通方式，提出若干建議。一九五三年七月初，我將此項建議送印度首相尼赫魯，俾使印、巴兩國首相於直接會談時，得有所了解。很可惜，印度對此不感興趣，並弄來麻煩。一個對付我和我的同僚的陰謀，乃從此秘密進行。克什米爾，不幸成爲印、巴糾紛的癥結，並加深了彼此的仇恨與敵視，除非兩國間能獲致和平解決，克什米爾境內必致無法和平建設。爲此，我曾向巴基斯坦政府提出若干建議，此事爲印度所知，因此對我的憤怒，乃變而爲迫害行動。我們同僚之中的無組織與幻想主義，以及貪污的陋習，乃被印度政府大大利用，分化我們以達到他們的目的。一九五三年八月九日的夜晚，用政變方式，未經製憲會議的任何不信任提議，我和我的同僚，就被那法律上憲治上都成問題的邦督，予以免職了。我和我的另一閣員從此即被拘捕，三年來一直扣押，未經審訊，甚至也提不出罪狀。

「與我同時被捕的，尚有不少我的同志，包括內閣中的副部長，高級官員、律師、商人，製憲會議議員等。此種拘捕行動，皆故意透露，企圖造成恐怖空氣，鎮壓人民的反抗情緒，印度的中央警察、特別警察、武裝部隊，皆奉命對無辜人民之有反抗行動者，予以格殺勿論。千千百百的人被鞭韃入獄，當時死亡的數目，據官方公佈是三十六人，但公認決不止此數。就在此種情況下，製憲會議才被迫接受對新政府的信任。當時我曾打電話要求印度總統，印度首相與克邦製憲會議議長，請其准我出席大會，以民主方式，接受不信任投票的裁決，但是我的要求未被允可。在刺刀威脅和暴力鎮壓的强横手段下，凡不贊成印度主張的克什米爾人，均喪失了應有的自由，這如何能算是民主呢？印度强迫這樣的一個製憲會議，投票贊成『歸併印度』，這如何能算是民意的表現呢？

「一九五六年三月，印度首相曾公開演講，暗示公民投票已不可能，其所持理由爲（一）巴基斯坦已接受美援，並已加入東南亞公約與巴格達公約。但我們認爲不管巴基斯坦作些甚麽，都不能影響我們克什米爾人民自決權利的行使。（二）印度首相謂假如公民投票對巴基斯坦有利，則印度國內的宗教仇殺問題又將暴發，而致危及印度境內少數回教人民的安全。這種理由也是牽强的。難道克什米爾人民行使自決權，就會使印度崩潰嗎？難道印度是要將克什米爾人民當作人質，在一個所謂民主的國度內，來保障印度境內少數回教徒的安全嗎？印度不是一再保證將予克什米爾人民以公平投票的自由機會，難道這種保證，是僅指其結果必需對印度有利才能實現嗎？

「印度一再宣稱，克什米爾是在飛躍進步，政治不安早已結束。但事實恰與此相反，克什米爾目前是在可怖的統治中，一切進步都已癱瘓。經印度總統批准，剝奪人民自由的治安法，正在克什米爾執行，根據此法，得拘押人民五年，而不必審訊，甚至亦毋需宣佈其被捕理由，不少人民卽係在議會中發表反對言論而被逮捕。印度報紙如有主張公民投票者，卽被禁止發行，外國記者獲准進入克什米爾，提及上項事實者，卽被指爲未能深入瞭解眞相。克什米爾已變成鐵幕。

「此種情勢所造成的嚴重後果，不難想像。難道現在還不應該猛省麽？假如國際組織中的一個會員國，能如此輕易地撕毁國際協議，並公然迫害數百萬人民的人權，我想那將是對安理會的致命傷，將必動搖聯合國中各小國的信心，並危及世界的和平。我代表着克什米爾數百萬的人民，要求諸位代表，堅持安理會前此已作的決議，同時要求所有簽字聯合國憲章的國家，能言行一致，維護國際共守的自決原則，使克什米爾人民終能有權自決前途。也唯有這樣，始能使克什米爾問題，獲得妥善解決，化干戈爲玉帛。」

錫罕阿布多拉的上項公開信，其可能發生的間接影響，實與巴基斯坦外長的公開控訴，具有同樣重要意義，我們且看印度代表梅嫩在安理會中的答辯。梅嫩採取了一種拖延戰術，希圖將安理會決議的時間，拖過一月二十五日，俾印度的合併克什米爾，能成爲既成事實，因此他的演講時間之長，打破安理會中以前任何一次演講的紀錄，他在一月二十三日安理會上下午的兩次會議中，繼續佔用了所有辯論的時間，發表滔滔不絕的雄辯，並聲明其演講未完，將在二十四日復會時，繼續發表。其前半段的演講要點如下：

一、印度過去及現在，從未提議譴責巴基斯坦，僅要求不應任謀殺疑犯，逍遙法外。

二、巴基斯坦稱從未支助部落民族，且已盡其最大可能促其撤退，此與事實不符，倘所說屬實，試問部落民族如何能通過巴基斯坦境內達五百英里。

三、印度從無越境進入巴基斯坦之意，當時情勢的發展，就是最好的證明。

四、巴基斯坦稱印度有駐軍八萬人在克什米爾，但依當地人口計算，不過佔十二分之一。阿沙德克什米爾有巴基斯坦部隊三十五營，而該區人口不到五十萬，是其比例較印度部隊猶大。

五、印度當時所承諾者，乃係謀取停戰協議，而公民投票乃停戰協議之一，但停戰協議始終未曾獲得，故印度自亦無所謂應履行公民投票的諾言，且雙方談判中所作各種建議，自與談判時的整個情勢有關，倘是等建議，並未達成協議，加以情勢又有所改變，則任何一方自無永久遵守「建議」之義務。

六、對於公民投票總監人選，印度雖不感興趣，但亦不反對由聯合國指派一人，從事各種細節的籌備工作。

七、克什米爾就政治、經濟，乃至宗教關係來說，其與印度之密切程度，實並不比其與巴基斯坦者小，印度爲宗教信仰自由國家，其境內現有信奉回教的人數，幾等於整個巴基斯坦人口，倘以爲克什米爾以回教徒居多數，則應加入巴基斯坦，試問印度境內現有之回教徒，又將如何。

八、所謂印度蓄意作成圈套，迫使克什米爾加入印度之說，實屬無稽之談。印、巴分治前兩星期，克什米爾猶有絕對自由，加入任何一自治領，而一九四七年十月二十七日印度軍隊之進入克什米爾，乃係應克邦王公之請，且其時已加入印度。印軍開赴克邦，純爲助其持抗入侵外患。爲克邦安全，亦爲印度安全，印度自有權採取此等措施。

九、巴基斯坦一再渲染本年一月二十六日將有重大事件發生，實係故意危言聳聽。本年一月二十六日亦如往年，是印度歷史上的獨立紀念日，該日經克什米爾製憲會議選定，作爲該邦正式合併於印度的生效之日，且此一決定早經該製憲會議通過，本年此日，不過到期生效罷了。同時製憲會議將於該日解散，到時準備有所慶祝。所以問題還是克邦合併於印度是否應取得安理會同意的問題，根本不是在一月二十六日有什麼了不得的大事發生。查聯合國憲章中，亦並未規定，對「合併」問題應由聯合國決定。而印度所關心的，也祇是國際和平與安全的問題。

十、目前安理會所應承認的是：印度領土被侵略，克什米爾並不是巴基斯坦領土，也未加入巴基斯坦，巴基斯坦已侵入印度領土。倘印度拒絕「克邦合併」，則將使整個克邦四分五裂。「因此我們將不容許對此合併問題有任何干涉。我們將堅持到底」。

二十三日下午安理會休會時，梅嫩聲明其演講未完，要求在第二天復會時，優先繼續發言。到了二十四日復會前，澳大利亞，哥倫比亞、古巴、英國、美國等五理事國提出一項提案，經輪次主席羅慕洛 Brig-General Carlos P. Romulo 提付討論，梅嫩當即抗議，「在本人未結束其演講前，不應討論五國提案。本人抗議，旨在使我國人知悉，五國在未聽完印度聲明，即行提出提案」。該提案內容於下：

「安理會已聽取印度與巴基斯坦政府代表就贊木與克什米爾糾紛所作之聲明，玆喚起各該國政府與當局注意本會一九四八年四月二十一日，一九四八年六月三日，一九五一年三月三十日所作決議中之原則，以及聯合國印度巴基斯坦委員會一九四八年八月十三日，一九四九年一月五日之決議，即贊木克什米爾邦之最後地位應由該邦人民在聯合國監督下，採用民主方式，舉行自由公平的公平投票，所表示的意志，予以決定。

「安理會重申一九五一年三月三十日已作之宣告，即贊木克什米爾國民會議全體大會所建議召集之製憲會議，該會經已採取或擬採取將決定未來形式，確定全邦或該邦一部份地位之任何行動，或有關方面對該案採取之行動或所作之任何支持，皆不構成依前述原則所決定之該邦地位。」

「安理會並決定，將繼續討論此一糾紛」。

五國提案提出後，各理事國皆相繼發言。英代表皮爾遜爵士 Sir Pierson 稱，印、巴兩國代表於演講中，曾提及英國政府及若干英籍人士，在催生印、巴兩國時所作之各種努力，渠願表示謝意。渠以為安理會今需以最大之忍耐與遠見，及從而產生之責任心，對本問題有所行動。梅嫩君於演講中，曾謂一九五一年斯林拉迦成立之製憲會議，其基本目的，旨在促進該區自治政府之發展。安理會決無意干擾克什米爾民主發展之進步，僅重申一簡單原則，即製憲會議之成立，其可能採取之行動，應不構成依公民投票原則所決定之地位。安理會曾於一九五一年三月九日，獲印度出席安理會代表勞爵士之保障，即製憲會議對合併問題自願表示意見，但「不可能採取行動」。

澳大利亞代表威爾克博士 Dr. Walker 認為：克什米爾問題在安理會討論多年，猶未獲得解決，其咎不在安理會缺乏努力或無誠意。澳大利亞代表曾以極負責任的態度，多次參與討論，澳國人民亦極關心。我們對克什米爾糾紛擔憂，亦如為好友間排難解紛，並未草率站在任何一方，我們曾竭力促其早日解決，因此事勢必影響該區的安定與和平。但目前安理會似毋需就本問題過去的歷史，重複檢討，最要緊的還在集中注意力於安理會所已確定的基本原則。毫無疑問的，安理會已承諾公民投票的原則，印、巴兩國政府亦已接受，今天印度代表對這個基本原則的態度，不知究竟怎樣，是否將因爲一月二十六日的行動，使公民投票多一障碍，抑將改變克什米爾地位，或者不過是如梅嫩所言，克邦製憲會議將於此日宣佈解散，到時慶祝一番而已。無論如何，安理會於此時重申其已決定的原則，是十分必要的。

古巴代表波湯多博士 Dr. Emilis Nunez Portuondo 坦率指出，五國提案是一種預防措施，印度代表實無任何理由可以反對，況且提案前段所採取的立場，包含了尼赫魯先生過去所提的意見，「而尼赫魯先生是我所欽佩的人」。

美國代表洛奇 Henry Cacot Lodge 亦指出五國提案不過重申一九五一年三月九日的決議，安理會有義務支持其前此已作的決定。

哥倫比亞代表屠迭 Charles Mesga Duarte 則謂一九四八年時，該國爲安理會理事之一，當時對本問題所採取的態度，也就是今天所要表示的態度，即儘可能與理事會中的多數理事國合作，俾能和平解決印、巴之間的糾紛。

我國代表蔣廷黻博士發言，首先指出類似克什米爾問題一類的糾紛，自然引起亞非國家和歐美國家的重視。安理會對本問題的處理，曾有好的開始，但不幸成就極少。公民投票的原則，被所謂「情況」等於「埋葬了」，安理會曾多時多次試圖解決此一困難。我們無意在此指責任何一方，但大家都承認，公民投票是解決此一問題的唯一方式，聯合國憲章中亦明定人民有自決的權力。雙方實毋需就所謂「情況」費時爭執，因為任何的條件與情況，都不容改變公民投票的原則。

蔣代表繼就過去我國對本問題所疊次表示的態度，加以回顧，並鄭重指出：「中華民國支持重申安理會對克什米爾在聯合國監督下舉行公民投票的立場的五國聯合提案。中華民國一向要求阻止克什米爾變為亞洲的『阿爾薩斯與洛林』，因為中華民國願見一個亞洲社會從二次世界大戰時崛起，並為亞洲的繁榮而團結一致。中華民國政府為了這個緣故，於一九四八年訓令本人從國內趕返聯合國，俾當該問題首次在安理會提出時，設法對其解決辦法，有所貢獻。」「任何國家既加入聯合國，即須奉行憲章所規定的自決原則，而印度所說由於情勢的轉變，已使印度不能接受公民投票一節，是不能同意的。公民投票並非安理會迫使印度與巴基斯坦接受的。而是印巴双方已表示願意接受這個方式，而安理會亦認為這是解決糾紛的唯一辦法。自從安理會作此決定以後，情勢並無基本的轉變，因此安理會的公民投票目標，不應該亦不可能改變，並不能容許双方阻碍這個目標的實現」。

瑞典代表賈林 Gunnar Jarring 稱，該國係首次出席安理會，故對本問題所取之態度，並不受以前的約束，賈林認為要解決此一問題，目前的停戰線應該維持，雙方不得有越線行動，且不得以國內立法，改變贊木與克什米爾的地位。

俄帝代表蘇布洛夫 Arkady Sobolev 又施展其冷戰慣技，謂克什米爾問題不是克什米爾人民引起的，而是若干强國企圖挑起紊亂達到其戰略利益而製造出來的，五國提案並未能把握克什米爾實際情況，更忽略了近年的變化。當事一方既然反對此案，故即令通過亦並無意義，要和平解決本問題唯有當事者雙方直接磋商，安理會可提出建議。爲了使大局趨於安定，一九五一年克什米爾人民選舉成立了製憲會議，該會議通過若干重要法律，其中包括一九五六年該會完成了憲法的製定，其中有一條指出克邦係屬印度共和國。所以克什米爾問題經已由該邦人民決定，克什米爾已被認爲是印度的一部分。「故蘇俄對本案，將自行決定態度」。

伊拉克代表雅華德 Haskima Jawad 表示，本問題與一九五二年時並無大區別，五國提案足以適應目前要求，並可有助於安理會尋出一和平解決辦法。

法國代表貝柯迭 Guillaume George Picot 說，本案至少可澄清若干疑團。

菲律賓代表羅慕洛謂，菲國對當事者双方皆極同情，雅不願支持一方反對另一方。菲律賓支持五國提案，決不是反對印度，但安理會過去的決議既然有效，則自不能不予以支持。

十一理事國發言畢，印度代表梅嫩再起而答辯，但他聲明不是參加討論本案，印度亦將不受本案約束。他說：「依照正常的慣例，對此類問題開始討論具體提案前，應在會中首先聽取廣泛意見，這也是憲章的精神。但是，在我還沒有就本案發表廣泛意見而且還沒有結束昨天的演講前，我手中却得到了一份決議案的草案。如此改變正常的議事慣例，無非是爲了便利對方。我已曾聲明，昨天的演講未完，還需要兩個至兩個半小時的時間，方能解釋清楚，因此決議草案前面的一段話，是與事實不符的。若干代表在演講中，曾強調所謂原則，但聯合國尚有其他的原則，例如不准「侵略」等，如何可不遵守？安理會謂克什米爾製憲會議無權決定克邦前途，不應載之於該邦憲法，但這不祇是干涉克什米爾內政，而且是要強迫印度修改憲法，一九五四年印度國會已通過法案，補載於憲法，克邦爲印度的一邦，且經印度總統簽署生效，倘安理會通過本案，迫印度遵守，則印度祇有修改憲法，但事實上這是不可能的，也是違背憲章精神的。」

最後巴基斯坦代表羅翁指出：聽印度代表梅嫩之言，使人感覺印度政府對克什米爾問題竟抱着兩種完全不同的態度，依梅嫩在大會所解釋的，克什米爾已經是印度的領土，但尼赫魯首相却歷次聲明，克邦最後地位並未決定，當由公民投票決定，竟究何者可以代表印度政府的立場，恐怕只有讓印度人民去選擇。

辯論終結，主席宣佈表決，結果：贊成五國提案者十國：美、澳、古巴、美、哥倫比亞、中國、瑞典、伊拉克、法、菲。棄權者一國俄帝。故原案以十票對〇票，一票棄權，通過。

一月二十四日安理會決議通過，一月二十六日印度仍照原定計劃，慶祝合併克什米爾生效，安理會決議遂被印度撕毀。

第十三章　安理會再度努力調解

一九五七年一月二十四日安理會決議，印度竟悍然於一月二十六日撕毀，並誣指安理會在討論提案前未曾聽取印度代表的答辯。印度此一行動在實質上對克什米爾影響不大，因安理會的決議，並不因印度的撕毀而不存在，同樣的情形，印度在事實上既已武裝佔領大部分的克什米爾，自亦不會因安理會的決議而自動撤兵並同意擧行公民投票。不過，此事對印度近年所標榜的反暴力侵略主義，支持民族自決與提倡國際正義等口號，却是一個尖銳的諷刺，印度在外交上所可能運用的資本，因而大爲減少，世界各國的輿論，亦莫不對新德里政府的强橫態度，同聲予以譴責。一九五七年二月正是印度第二屆大選之期，所以克什米爾問題，乃又被巧妙的運用爲競選的資本，同時，蘇俄國防部長朱可夫，亦於此時應邀訪問印度，這不能解釋爲巧合，顯然是事先的安排。尼赫魯首相，也許看透了聯合國仍未能脫離强權政治的支配，雖然明知印度的措施，將自貶其國際道義的地位，而這正是印度近年在國際外交上的有利資本，但是爲了爭得克什米爾，乃不惜犧牲其素所標榜的原則。尼赫魯將安理會的決議，對內解釋爲「國際壓力」，籍以團結國內民心，支持國大黨「共濟時艱，一致禦外」，贏得選擧的勝利，同時又以此「擧國一致」的民氣，並在印蘇之間這時加强聯繫，作爲對外交涉的後盾。就實利政治觀點來看，尼赫魯首相的這種作法，眞是衣缽了英國過去在印的殖民帝國主義作風，將高塔拉 Kautyle（孔雀王朝開國首相，著有治國寶典 Artha-Sastra，與馬克維里 Maccavalli 的王子 Prince 一書先後媲美）爲目的不擇手段的技倆，發揮到了極至。不過，對我們欣賞印度傳統立國精神，而又心儀甘地先生行誼的人看來，總覺得有些迷惘。

一月三十日，巴基斯坦外長羅翁，曾就印度的橫蠻態度，在安理會發表演講，再度强調：（一）印度代表一再說印度之未能同意擧行公民投票，是因爲其先決條件未曾取得雙方協議，但所謂雙方協議，其中最主要的撤兵問題，巴基斯坦卽曾先後接受了十一種不同的方案，印度却均不接受，可見提出公民投票原則的是印度，而事實上不使公民投票擧行的，也是印度。（二）印度代表謂克什米爾人民，近年已享有充分的自由和進步的建議，證明印度合併克邦，是受人歡迎的。倘事實果然如此，則印度實無理由，也無須畏懼，在克邦擧行公平的公民投票，可見其情勢不穩。（三）公民投票原則，旣爲印、巴兩國所曾接受，安理會復有決議，且繼續有效，而其所以未能見諸實行，主要問題端在撤軍問題之未獲解決，因此最好能由安理會請雙方撤兵，並由聯大組成國際部隊前往克邦暫行負起維持治安責任，並迅指定公民投票總監，早日擧行公民投票。

二月八日安理會恢復對克什米爾問題的辯論，印度代表又發表一項冗長的演講，且曾一度因體力不支，當場昏厥。梅嫩謂：「安理會誤以爲一月二十六日，印度有合併克什米爾的任何行動發生，其實只不過是克邦製憲會議的一項公告，它決非新的決定，印度在這一天更毋需採取所謂合併的行動，試想一個國家如何合併其本國的領土？約在一九四九年，當時克邦派有四位代表，正式出席印度製憲會議，（在一九五〇年印度行憲以前，製憲會議卽代行國會職權），巴基斯坦卽曾向聯合國調處委員會抗議「印度的非法行動」，但調處委員會的答覆是：『調處委員會認爲基於純粹法律的立場，甚難反對印度，就此向印度提出交涉，亦將不易獲致任何收獲』，從此印聯與克邦在憲法上的關係，即已確定。

「巴基斯坦外長，曾極力誇大克什米爾的政治不安，但他似乎忘記了他國內的情形。自從巴基斯坦成立以來，至少有二五一個政治領袖曾遭拘捕或未經審判而扣押過，其中包括現任首相，東巴基斯坦省省長及其首席部長等。又據回盟備忘錄，阿沙德克什米爾區，曾有三四一名政治犯被巴基斯坦所逮捕。又前後自巴基斯坦境內逃入印度的少數民族，業已超過四百萬人。由此可見其紊亂」。

「今天我們在安理會討論克什米爾問題，目的在確定巴基斯坦是侵略者，侵略了印度的領土，這也是安理會所應負的責任。但安理會中有些理事們持有不同的看法，例如蔣廷黻博士就說過，『我們決定撇開侵略問題不談』，我很爲難也不願意和安理會的會員們引起辯論，但我實在不明白何謂『撇開不談』。又有某一代表私下問我：『當初你們爲甚麽提議公民投票呢』？我要聲明，克邦的合併問題本已一切完成，不過任何一個主權獨立的政府，仍可能取消此種『合併』。贊木克什米爾是印度的一部分，不容置疑。巴基斯坦外長羅翁曾提到克什米爾過去是英國賣掉的，（參第二章阿姆齊渣條約），這話也許不錯，但那時的統治者不是印度，是維多利亞女皇負責。現在的印度已是自己作主，他們決不逃避責任」。「我在想，美國一定不會將路易西安拉州還給法國，弗羅里達州還給西班牙，或者把阿拉斯迦還給俄國的」。梅嫩在結論中，強調對巴基斯坦決無意用兵，印度但願用和平的方式求解決，但印度遭受侵略的事實，却必須承認。」

我國代表蔣廷黻博士，在梅嫩演講完畢後，起而糾正梅嫩在演講中曾誤解了他的話，蔣博士說：「所謂撇開侵略的指責不談，我的意思是說安理會無需多在這方面考慮。事實上安理會已曾得到結論：與其耗費時間精力，譴責或檢討過去的事，莫如集中力量，對目前與未來的問題，設法尋求解決。我們看到安理會現在又經過了一次冗長的辯論，假如克什米爾合併於印度或巴基斯坦的問題，已可獲得解決的方案，我相信決沒有人會反對。但是如其仍舊找不出妥善可行的辦法，那麼我想除了經由公平自由的公民投票方式外，實再無別法可以解決問題。」

二月十五日，英，美，古巴與澳大利亞四國，聯合提出一項提案，案由全文如下：

「安全理事會，

回顧一九五七年一月二十四日所通過的決議，在此以前有關的所有決議，以及聯合國印度巴基斯坦委員會關於印度巴基斯坦問題所作的決議：

已考慮印度和巴基斯坦雙方代表所發表的聲明

關切糾紛的解決，尚無進展；

想到在贊木克什米爾撤除軍備一事，對解決此一糾紛，實爲重要；

又鑒於依照聯合國印度巴基斯坦委員會的決議，撤除軍備以準備在聯合國監督下舉行公平公民投票的工作，並未達成；

復注意巴基斯坦代表的建議，使用一支臨時的聯合國武力，協助軍備的解除；

深信依照聯合國巴基斯坦委員會決議的規定，爲了達成軍備撤除的工作，爲了經由和平途經以解決爭端，使用上述武力的建議，是值得考慮的，也是現在可能作的貢獻；

一、請安理會主席，瑞典代表，本於安理會與聯合國印度巴基斯坦委員會以前的決議，注意印度和巴基斯坦代表所作的聲明，以及使用臨時聯合國武力的建議，以主席的地位，和印度及巴基斯坦政府，就達成撤除軍備，或爲解決糾紛而覓致其他條件的各種可能建議，加以檢討。

二、授權安理會主席，前往印巴地區訪問。

三、請其儘可能至遲在四月十五日前向安理會提出報告。

四、籲請印度及巴基斯坦政府，在其執行此項任務時，予以合作。

五、請聯大秘書長及聯合國委派的印度巴基斯坦代表，予彼所需要的各種協助。

上項聯合提案，係由英國代表狄更生 Sir Pierson Dixon 代表四國向安理會提出，狄更生在解釋提案時，特別强調下述意見：（一）原提案各國係以極審愼態度草成本案，希望其在短時間內，獲致若干具體成效，故規定最遲應在四月十五日前向本會提出報告。（二）過去印、巴兩國對克邦糾紛之所以未能達成協議，癥結在撤軍問題，印度認爲巴基斯坦與阿沙德克什米爾部隊有直接關係，應予撤除；巴基斯坦則認爲倘此項部隊（實際僅六千人）撤除，而印度在其停戰線內則保有二萬一千正規軍，勢必威脅阿沙德克什米爾的安全，總括來說，基本問題在彼此的安全感受威脅，因此由聯合國組成一支臨時部隊，前往協助雙方的撤軍工作，實極爲重要，（三）安理會主席在前往印巴地區進行交涉時，必須隨時照顧本會及印度巴基斯坦委員會前此所作各項決議，因此本案的精神乃係繼續執行並求完成原有的工作，而不是改變原有的決定，（四）原提案國等熱切期望安理會主席此行能圓滿達成任務，不僅解決克什米爾問題，並能解決印、巴之間的所有其他重大糾紛。

美國代表洛奇 Henry Cabot Lodge 亦指出本案是符合雙方已有的基本協議的，但着重於撤軍問題的實際辦法，至於派遣聯合國部隊一節，原係由巴基斯坦所提出，本案認爲值得考慮，但並未作肯定結論。

印度代表梅嫩，對本案力持反對態度，認定其必無所獲，其論點如下：（一）本提案於法無據，破壞了印度領土主權的完整，違反了聯合國憲章的基本精神，而且是不公平的裁決，在事實上亦窒礙難行，實毋庸討論。（二）巴基斯坦的美英軍援裝備，刻已有二十萬武裝部隊，且距離印度邊界僅咫尺之間，此一基本形勢實改變了兩國間作爲討論的原有客觀條件。（三）印度認爲美國對本問題的態度，不是「中立」的，美國所派監督停火的觀察員，也不是最適當的，雖然印度極不願意向大會提及此事。（四）英國與印度，有多種關係的合作與連繫，但一旦英國如在印、巴糾紛上採取偏頗態度，則印度與英國的合作關係，可能將不存在，而且問題益爲複雜，我們極不願使此種情勢更加惡化。（五）所謂派遣聯合國部隊前往印、巴地區一事，印度將決不接受，任何聯合國部隊或外國軍隊，如踏進巴基斯坦所佔領的阿沙德克什米爾，那就是侵犯了印度的領土，就是損害了印度的主權，也破壞了印度與英美之間的友好關係，印度決不容許任何外國軍隊進入其領土。（六）事實上所謂聯合國部隊，亦決不可能有助於解決克什米爾的撤軍問題，試問聯合國可能派遣幾多數額的部隊？難道能夠在印度領土內解除印度軍隊的武裝？這根本是辦不到的。

（七）本案要求印度政府對安理會主席此行予以合作，我們的答覆是，作為一位安理會的主席，在某種意義上，因為印度是聯合國會員國，所以他也算是半個印度公民，印度自然隨時歡迎他去觀光。

巴基斯坦代表羅翁針對梅嫩的演講，極力爭取安理會對巴國的支持與同情，羅翁指出：「印度代表指巴基斯坦在擴充軍備，却不想到印度本身是在如何加緊備戰，印度接受英國的裝備，却在安理會中指責英國，印度已訂購長距離轟炸機與二百輛重坦克，這自然不會用來攻擊『蘇俄』與『中共』，箭頭仍是指向巴基斯坦。在印、巴分治的時候，所有英國留下的軍火與裝備，坦克與裝甲車修理工廠，全落在印度手裏，你想印度會給我們一彈一物嗎？他們全部吞下了。巴基斯坦的空軍，不過合印度的三分之一，印度每年預算的百分之三十，皆用之于戰備，難道是準備對付『中共』嗎？試想，我們怎能由一個裝甲師，增加到九個師？我們是一個小國，事實上一無所有，但印度却說我們要侵略他們。我要請安理會注意，印度現在已調動六個整師的部隊，集中在巴基斯坦邊境，還有一個裝甲師，正在向這方面移動，情勢是十分緊張的。巴基斯坦完全同意四國聯合提案，並願提供一切的合作與支持，我的政府充分相信安理會主席必能圓滿達成任務」。

蘇俄代表蘇白勒夫 Arkady Sobolev 繼羅翁演講後，起而為印度辯護，蘇俄認為克什米爾問題已經解決了，毋需再有公民投票，倘接受四國提案，則不僅為克什米爾人民所反對，而且也違反聯合國憲章的精神，憲章中僅規定為了制裁侵略或保障和平，始能運用聯合國武力，憲章並沒有規定得使用聯合國所組成的部隊在克什米爾強執舉行公民投票。克什米爾合併於印度後，經過和平的方式，已曾有各種顯著進步和改善，但有些國家故意不承認這些事實，却欲製造糾紛，這些糾紛無益於鬆弛兩國間的緊張局勢，只有使情況更爲惡劣。安理會如通過四國提案，等於鑄下大錯，蘇俄認爲這時空談公民投票，實無濟於事，因爲當事國的一方根本反對，至于說到派安理會主席前往印、巴地區從事調停，原則上仍無不可，但決不容拿以前的決議，約束其商談範圍。

我國代表蔣廷黻博士指出：四國提案具有積極性，且包含了安理會過去有關決議的精神。派遣聯合國部隊前往印巴地區，雖問題較爲複雜，但其必能保證公民投票之得以公正舉行，實毋庸置疑，因此是值得重視的，贊成的。

在安理會進行辯論期間，新德里方面以全副精力日夜不斷舉行會議，聽取報告，發出指示，並採取一切可能的外交措施，其緊張的情形，爲近年所罕見。當時印度政府所同時進行的對案有三：（一）請求蘇俄及哥倫比亞兩理事國提出修正案，無形中推翻四國聯合提議，蘇俄和印度在外交冷戰中的彼此呼應，近年已爲舉世週知，蘇白勒夫在安理會替印度辯護，印度已早料到這正是蘇俄所樂意辦到的，但仍恐蘇俄的修正案不爲大會所採納，因此又促請哥倫比亞亦提出一項修正案，哥倫比亞因在一九四七年曾參加五國調處委員會，且委員會主席羅沙諾博士 Dr. Lozans，係哥倫比亞代表，當時與印度方面頗能合作。（二）如修正案皆不獲通過，自只有期待於蘇俄的否決票，俄在安理會中使用否決權，原屬司空見慣，但其爲印度而投否決票，幕後仍免不了一番討價還價的折衝。（三）倘四國提案經蘇俄否決後，仍欲提向大會討論，則又不能不首先從事拉票活動，以備萬一。因此新德里方面於二月十九日邀約二十八國駐印使節，說明印度政府的態度，期待各國協助，其中包括：阿富汗、阿根廷、澳大利亞、巴西、緬甸、高棉、加拿大、錫蘭、智利、丹麥、埃及、伊西阿披亞、芬蘭、法國、印尼、日本、寮國、墨西哥、尼帕爾、挪威、菲律濱、沙地阿刺伯、西班牙、瑞典、蘇丹、叙利亞、泰國、南斯拉夫等。值得注意的是上述各國中未包括有伊朗，伊拉克與土耳其，這三國被認爲係屬巴格達公約集團，必將支持巴基斯坦而對印度不利。

蘇俄的修正案，於二月十七日列入議程，其要點爲：（一）將四國提案前言部分刪節爲：「已聽取印、巴雙方代表聲明」，（二）將具體建議部分刪節爲：「請安理會主席，瑞典代表，與印巴兩國政府研究贊木克什米爾的情勢，並考慮使問題獲得解決的可能進展，但須注意兩國代表所已發表的聲明。（三）將最後關於時限部份，改爲「不遲於一九五七年四月十五日」。原案如照此修正通過，則完全失去作用。巴基斯坦外長曾爲此向蘇俄代表團提出嚴重抗議，指其純係支持印度的主張，且有背安理會過去所作的決議」。

哥倫比亞代表烏諾迭亞 Urutia 亦在安理會中指出，四國聯合提案未能顧及事實，將必窒碍難行。一九四七年五國委員會由安理會派遣前往印巴地區執行任務時，曾犯有同樣錯誤，當時指定的任務，係根據安理會的決議與印、巴磋商，但該項決議早已經印度表示反對，故磋商終無所獲。委員會抵達克拉蚩後，發現巴基斯坦堅持克邦公民投票，否則任何方案均不接受，而印度方面則拒絕考慮公民投票，除非停戰協議達成，巴基斯坦部隊撤走。委員會在從事斡旋時，有兩事值得特別注意，即（一）委員會承認贊木克什米爾邦主權的事實，但未進一步研究克邦合併於印度是否合法的問題，換言之，委員會對印度在贊木克什米爾行使主權，已予以事實上的承認。（二）委員會從未承認巴基斯坦部隊進入克什米爾是合法的，因此在討論停戰條款時，曾建議巴國部隊全數撤出克邦，印度方面則僅撤走一部份。同時，關於公民投票問題，委員會自始不承認巴基斯坦得正式參與有關細節之討論，僅得以備委員會詢諮的地位，提供意見，而對印度，則認可其將有權利參與正式討論。至於聯合提案中建議運用聯合國部隊一點，未始不是一種有效的辦法，但必須當事國雙方都能接受，否則，聯合國決無法强制派兵制行。

二月十九日，哥倫比亞代表正式向安理會提出一項修正案，案文如下：「安理會囘顧以前歷次決議及一九四八年十二月二十日印度致印度巴基斯坦委員會主席函，玆請安理會主席，瑞典代表，賈林，就暫時使用聯合國部隊之建議，倘雙方接受，予以研究，同時考慮將本案移至國際法庭的可能性•盼安理會主席，將上項商談結果，如其可能，在一九五七年四月十五日前，提出報告」。

二月二十日，安理會就四國聯合提案及蘇聯與哥倫比亞修正案，提付表決，結果如下：

蘇聯修正案：一票贊成（蘇聯），兩票反對（古巴，菲律濱），八票棄權（英、美、法、中國、澳大利亞、哥倫比亞、伊拉克、瑞典）未通過。

哥倫比亞修正案：一票贊成（哥倫比亞），十票棄權（蘇、古巴、菲、英、美、法、中國、澳、伊拉克、瑞典）未通過。

四國聯合提案：一票反對（蘇聯），一票棄權（瑞典），九票贊成（英、美、法、中國、澳大利亞、哥倫比亞、伊拉克、菲律濱、古巴），因蘇俄係常任理事國，享有否決權，故雖有絕大多數可決票，亦仍被蘇俄的一票所否決。

四國聯合提案，遭蘇俄一國反對而否決，美、英、澳三國卽另提一項三國提案，其中將派遣聯合國部隊及公民投票等原有建議刪除，全文如下：

安理會囘顧一九五七年一月二十四日所通過的決議，在此以前有關各項決議，以及聯合國印度巴基斯坦委員會的歷次決議。

一、特請安理會主席，瑞典代表，和印度，巴基斯坦政府研究他認爲有助於解決糾紛的任何建議，復鑒於安理會及聯合國印度巴基斯坦委員會已有的決議，授權安理會主席爲此前往印巴地區從事實際調查磋商，並須在一九五七年四月十五日前，提出報告。

二、請印度，巴基斯坦政府，予安理會主席在執行任務時所需的各種合作。

三、請聯合國秘書長及聯合國派駐在印巴地區爲處理此項問題的官員，予以所需的協助。

本案提出後，安理會於二月二十一日無異議通過，瑞典代表賈林亦表示願意接受任務，但要求在必要時，酌准延長其向安理會提出報告的時限。

賈林於三月中前往克拉蚩及新德里從事磋商研究，至四月三十日向安理會提出報告，認爲「無法提出任何具體建議，但基於目前對該項情勢之研究，糾紛之雙方，迄望是項問題能獲得解決」。「印度方面相信聯合國決議案已不復能有絲毫裨益。印度經重申其立場，並謂巴基斯坦已破壞停火協議，此事不解決，無法再談撤除軍備與公民投票問題。」至本書截稿時止，安理會於聽取報告後，尙未決定究擬何時恢復對克什米爾問題之討論。但巴基斯坦不滿賈林的報告，是很顯然的。

第十四章 巴基斯坦共和國現況

巴基斯坦建國簡史：一九四七年八月十五日，英國交還政權與印。巴基斯坦自治領宣告成立於克拉蚩，以回盟領袖眞納為總督。一九五六年二月二十九日新憲頒行，同年三月二十三日遂正式宣佈為獨立共和國，從此，巴基斯坦乃成為今日世界第一大回教國，有人口七，六八七，〇〇〇人（一九五〇年統計），面積凡三六四，七三七方英里。

創建「巴基斯坦」的觀念，最早係由回盟主席伊格巴爵士 Allama Sir Mohammad Iqbal 於一九三〇年回盟年會致辭中首先提出，但並未採取行動。一九三一年律師阿里 C. Rahmat Ali 始正式提倡巴基斯坦運動，主張將印度分為印度斯坦與巴基斯坦，巴基斯坦應包括旁遮普，西北邊省，克什米爾，信德與俾路支。上項呼籲，曾以書面向第一次圓桌會議出席代表散發，但當時回盟發言人，在圓桌會議中並未積極推動。

回盟原係一宗教組織，其開始從事實際政治活動，係於一九二六年眞納出任主席以後，此後十年間雖進展遲緩，但基礎却日趨鞏固。當第二次圓桌會議舉行於倫敦時，印度國大黨內外的回教派系，已紛紛接受回盟領導。其後國大黨與回盟就實行地方自治問題始終未能獲致協議，英首相麥克唐納 Ramsay MacDonald 乃有按宗教信仰不同實行分別選擧制的裁決。根據一九三五年印度政府法、全印擧行地方自治選擧，結果回盟雖取得多數回教徒票，但在地方議會中却未能得到預期的理想席次。本來一般人頗希望籍地方自治之推行，可使國大黨與回盟同能發展爲未來印度議會中的兩大黨，但此一希望不久也告消失。國大黨堅持回盟應保證其將來必納入同一中央議會中，換言之即國大黨所構想的仍爲一個統一的印度，在中央只有一個議會，但眞納堅不簽此保證。他開始積極從事各省回盟力量之擴張。

一九三七年秋，回盟於洛克腦擧行年會，此時回盟已躍居爲全印最大回教組織，雖當時尚有不少回教領袖未曾納入此一組織內，但其力不足以與回盟對抗，却已成爲無可否認的事實。國大黨爲了爭取印回「統一陣線」，亦儘量吸收回教徒參與國大黨的活動，回盟與國大黨間的鬪爭，遂形尖銳。一九三九年第二次世界大戰爆發，英國政府逕自宣佈印度亦爲參戰國之一員，引起國大黨的極大不滿。當時有主從事反戰暴動者，如鮑斯派，有主嚴守中立，既不支持英人作戰，亦不「乘人之危落井下石」者，如甘地派；亦有主「有條件戰爭」者，如尼赫魯派，總之，其不贊同英國所取態度則一。回盟遂利用此一空隙，向英國殖民地政府表示，如其承認回盟地位，則該盟將激勵印度回教籍人民，全力支持政府作戰。其後國大黨內甘地派的主張獲勝，各省國大黨籍官員皆辭去政府職務，旋即發動民事反抗運動，政府爲求緩和反戰情緒，一再約集各方領袖會商，回盟乃得同以大黨地位，參與會談，並獲得政府的承認。

一九四〇年回盟在拉合爾擧行會議，就印回分治問題，正式通過一項決議，作爲今後努力的方向，決議案中指出：「關於立憲問題，本大會除批准回盟中常會於一九三九年八月二十七日，九月十八日，十月二十二日及一九四〇年二月三日所通過的決議和已採取的行動外，玆願鄭重指出，一九三五年印度政府法所採取的聯邦式組織，完全不適合印度的特殊國情，也不能實行，更不是回教印度所能接受的。一九三九年十月十八日，印度總督曾代表皇家政府保證，根據一九三五年印度政府法所推行的政策或計劃，政府可與印度各政黨及各有關方面諮商，予以重新考慮。除非整個的立憲計劃，加以重新研擬，且除非是項計劃能得回盟的同意或認可，回教印度是不會滿意的」。

「本大會玆決議，任何立憲計劃，如欲其能適合印度國情，且爲印度的回教徒所接受，則必須包含下述基本原則，即將回教徒佔絕對多數的地區，例如西北部及東部，在地理位置上與他區之間劃出一條界線，連同其必需調整的部分，合成爲一個自治的，獨立的，擁有主權的憲治體。在此憲治體內，將與少數集團（按指印度教徒等）協商，使其依憲可獲信仰，文化，經濟，政治及行政等權益之適當與有效的保障。同樣的情形，在該區以外的地區，回教少數集團，亦應於被協商後，依憲獲得同樣有效和適當的保障。」

「大會玆授權中常會，依據上項原則，草擬立憲計劃，並假定其最後必能實現，而預對國防，外交，交通與關稅等有關事項，亦早作適當之設計。」

根據此項正式決議，眞納乃大張旗鼓，公開擴大鼓吹「兩個民族」的理論，凡不與此相符的任何建議，皆一律拒絕談判，眞納認爲唯有巴基斯坦獲得成立，始能使回教徒免於印度教徒之壓迫。國大黨對此反對愈厲，愈加强了回盟的鬪志。一九四一年麻打拉斯大會中，眞納正式向英國政府提出要求，將西北及東部印度分組成一回教國，俾其能自行治理。此時英國掌璽大臣克利浦斯，曾有在印度實行分省自治之議，國大黨反對，回盟亦予以拒絕，但眞納却開始在回教徒居多數的地區，設法問津省政，結果除西北邊省與信德省外，其他以回教徒佔絕對多數的省區，居然已能有回盟分子獲選爲省級部長。

一九四二年國大黨孟買大會通過「英國人滾出去」決議，要求英人還政與印，爲使此一運動能贏得回盟的合作，甘地頗希望眞納亦能支持，其後英國內閣代表團至印斡旋，建議回教徒居多數的省區可成爲一集團省，享有高度之自治，除國防、外交、交通外，其他皆准自理，在中央則成立一包括印回兩部份的聯邦議會。此案國大黨未予同意，最後英國遂決定將印、巴正式分治，（詳參拙著印度獨立與中印關係）一九五七年八月十五日，巴基斯坦宣告正式成立。

巴基斯坦地理概觀：巴基斯坦在地理位置上分爲兩部分：東巴基斯坦，包括東孟加拉省與阿薩密省的錫勒迭區 Sylhet District，西巴基斯坦包括西旁遮普，信德，卑路支，西北邊省，以及其他業已歸併巴基斯坦的土邦。西部巴基斯坦西接阿富汗，北爲贊木與克什米爾，西北接伊朗，東爲印屬東旁遮普省，南與西南則爲亞剌伯海。西巴基斯坦與東巴基斯坦之間，相距約一千英里，且係印度領土。其北爲大吉嶺與阿薩密的一部份，南爲孟加拉灣；西爲印屬西孟加拉省與比哈爾；東爲阿薩密省，其中吉大港狹長地帶，則與緬甸相接。

西巴基斯坦全境爲興都庫什山的支脈地帶，西北區高達一萬四千英尺。全境自最北至最南長達八百英里。自喜馬拉雅山發源的五河，自東北流向西南，橫貫在這八百英里縱深的面積上。五河係指印度河 Indus，耶朗河 Jhelum 齊拉甫河 Chenab，拉維河 Ravi 及蘇底拉吉河 Sutlej，其中以印度河最大最長，流貫旁遮普與信德省，注入亞剌伯海，使旁遮普成爲亞洲盛產麥子棉花的重要地區。就地形來說，西巴基斯坦全境呈現若干突出的特點。有堅冰積雪的高山峻嶺，復有苦旱荒野的沙漠地帶。西北邊省全省在海拔四千英尺以上，長年凜烈，而旁遮普的印度河流域則到處可看到麥浪翻飛的綠色平原。卑路支的地形地貌，與伊朗平原相仿，大抵爲黃褐色，近水之處，亦見農莊田舍，生意映然。至於沿海地區，相當枯澀，不過克拉蚩的港灣尙屬良好。整個西巴基斯坦除信德省的狹長地帶外，氣候的特徵極爲明顯。在一、二月之間，夜晚卽見暖和，白天的溫度則不超過七十五度。冬季由於暖日照射，氣候最宜居住，夏日則經常維持九十到一百二十度的高熱，不過夜晚却常轉涼。生活在此種氣候中，容易使人表現出勤奮而結實的本色。

東巴基斯坦部份，有面積五萬四千方英里，全境少山，而爲恒河與婆羅門坡脫拉河流貫平原，雨量極爲豐富，平均年達八〇至八五英寸，土壤極肥沃，且多已開墾，作物成長期快，謀生容易，人口繁密。巴基斯坦有百分之六十的人口居此，氣候雖略嫌潮濕，但遠比西巴基斯坦爲好。每年可分乾濕兩季，乾季自十一月至次年的二月，氣溫在六十四度左右，予人以凉快之感；三月至十月則爲濕季，亦可稱爲熱季，但平均溫度亦未超過八十三度。

過去在蒙厄兒王朝及英人治印時代，孟加拉省一直是全印首富之區，且人才薈萃。印、巴分治後，該省雖分隸印、巴兩國，但東孟加拉省部分，依然是巴基斯坦國富與人力精華之所在。

巴基斯坦的人口分佈：根據一九五〇年官方統計，巴基斯坦計有人口七五，六八七，〇〇〇人，其中男性四〇，〇八九，〇〇〇人；女性三五，五九八，〇〇〇人，其分佈如下：

省別或邦別	人口總數(千)	男性(千)	女性(千)	文盲所佔百分比
東孟加拉省	四，二一，一九人	二，二〇，五七	二，〇〇，六二	八四・〇
西旁遮普省	一，八八，一四八	一，〇〇，四一	八七，七三	八九・八
巴哈瓦甫邦	一八，二〇	九，八八	八，三二	九四・〇
西北邊省（設治區）	三三，三九	一七，一五	一五，二四	九二・二
西北邊省（遊牧區）	二四，六〇	一二，九四	一一，六六	九八・七
信德省	四六，一九	二五，三一	二〇，八八	八九・二
卡爾甫邦	三，二〇	一，七七	一，四三	九一・二
俾路支省	六，二三	三，五〇	二，七二	九一・八
俾路支邦	五，五六	二，九六	二，六〇	九七・八
首都區	一一，一八	六，四〇	四，七八	六九・七

巴基斯坦的人種：七千五百餘萬的巴基斯坦人民，並非來自一個種族，而係由若干人種與不同文化長期聚居同化而成，其中包括印度雅利安人，蒙古人，達爾維亞人等，因此在這裏可以看到不同外型，不同語言，不同生活習慣的人並存。就旁遮普人來看，很明顯的是屬於雅利安種，但也雜有若干外國血統，他們多屬是中等身材，寬肩，飢膚結實，黑眼，蘋果色的鬍髭，黑髮，使用旁遮普語文。西北邊省的巴丹族，較為高大，耐勞苦，性堅毅，勇戰陣，使用普希托 Pushts，亦諳烏督 Urdu。俾路支人則身材矮小，

長臉，鷹鈎鼻，長髮，擅騎術，識馬性，常佩劍自衞。信德省人除土著外，外來移民中最早的一種係來自亞拉伯。公元七一二年，回教十葉族人，曾征服信德，當時約有十萬徒衆居信德。中等身材，長鼻，黑膚，其後復雜有巴丹人與俾路支人等，繁衍至今，已有四百餘萬人。

東巴基斯坦部分的人民，屬蒙古種與達爾維亞種，一般說來，較西巴基斯坦人矮小，使用孟加拉語文。

巴基斯坦人的種族與語言文字如此復雜，但仍能凝爲一個民族，實賴宗教的維繫。近百分之八十的人民均信奉回教，回教給他們一個單一的社會意識，道德標準與法典。他們彼此視對方爲兄弟，他們一樣的祈禱，絕食，朝聖；他們的婚嫁與繼承也守着同樣的禮制；他們的共同情感自然形成，他們的權利義務觀念，建築在同一信仰上而牢不可破，因此，也不難產生擧國一致的政治認識。

糧產與農業：巴基斯坦爲農業國，百分之八十以上的人民，皆直接或間接以農爲生。稻米爲主要糧產，半數以上開墾的土地均係稻田，產地偏在東孟加拉省，該區有百分之九十七的墾地係稻作，但每年仍賴西巴基斯坦供給，因彼處雖產量遠不及西巴基斯坦，但人民係以麥爲主食，故能有餘米供應。麥爲第二大農產，偏在西部，西巴基斯坦的墾地，百分之九十九皆係種麥，每年除自給外，尚可有小量剩餘輸出。至一九五一年止，全國開墾面積達四千五百萬英畝，其中三千五百萬畝係賴水力灌溉。是年主要農產品數額如下表：

種類	墾地面積（百英畝）	產量（百噸）
稻米	二二，四〇一	八，一九五
麥	一〇，八三二	三，九五三
棉	三，〇一一	二二六
蔴	一，二五〇	七九五
蔗糖	七〇〇	八七四
茶	七五	一七

整個巴基斯坦可耕地達二億英畝，未耕者達一億五千五百餘萬英畝，故水利興修，實爲巴基斯坦的要政。近年政府正全力推行水力建設，預計中的如：信德省的巨型水壩，預計可灌溉田畝二百七十九萬英畝，一旦完成，則農產必可巨額增加，又西北邊省的華沙克 Warsak，西旁遮普省的拉蘇 Rasul，亦擬修築中型水力發電工程，完成後不僅有助於工業的發展，同時亦可增加灌溉之利。

西巴基斯坦境內的水力灌溉事業，早在一八七六年即已由政府開始作有計劃的推進，利用五河之水，施行人工灌溉，在世界各農業國家中，巴基斯坦的灌溉系統，堪稱最具歷史且相當普遍。設在拉合爾的灌溉研究中心，已有二十五年歷史，目前已被公認爲東方最有地位的水力灌溉研究機構，其各種設計，大有助於巴基斯坦未來各種巨型水利工程的興建。

工礦資源：據巴基斯坦地質學家基博士 Dr. E. R. Gee 的研究報告，巴國境內有相當豐富的礦藏，如能積極開採，當可大有助於巴國的工業化。礦藏之中，以煤爲主，藏量達一億六千萬噸，另有相當數量的油礦，但鐵礦則不豐富。茲將一九五一年度主要工礦產量列表於左：

種類	產額
煤	四〇五，三二五噸
石油	一一，八一一，七二〇加侖
石灰石	三〇三，三〇〇噸
岩鹽	二五六，〇四一噸
鉻	一八，一三〇噸
硫磺	六六，三〇〇噸
石膏	一六，六六〇噸

上表中關於石油部分，自開採原油至提煉成品，均在巴國國內進行，目前最大採油公司爲巴基斯坦石油有限公司，有民股百分之三十，共投資一千萬盧比。另有煉油廠一處，設於拉瓦平底，日可煉油四千五百桶，其中包括高級汽油等。

工業產品　巴基斯坦擁有相當豐富的農林資源，但工業却十分落後，例如全世界百分之七十三的蔴出產在巴國，而蔴織廠却極少，又每年該國可生產一百五十萬袋（每袋四百磅）的棉花，但紡織廠亦極少，巴基斯坦政府雖多方鼓勵人民自由經營，但以資金累積薄弱，外國投資亦不甚踴躍，故工業建設遲遲未見進展。以棉織品而論，印巴分治時，巴國分得紡織廠十四家，計十八萬餘錠，每年僅可生產棉布一億碼，但經常需要則至少爲六億五千萬碼。巴國政府曾有一發展計劃，預計至一九五八年度，能有紡織廠五一家，使每人每年可獲十八碼棉布。其次關於織蔴工業，分治時所有蔴織廠均因位於西孟加拉省而分與印度，其有回教徒經營者，亦不得不被迫出讓，甚至棄廠而逃，但蔴的原料却仍爲巴基斯坦所供應，每年約有四百五十萬袋運往印度，其次如英，美，比利時等國亦向巴國採購。巴基斯坦政府爲免利權外溢，已計劃斥資創設蔴廠五家，同時並積極鼓勵私人投資設廠。再次關於羊毛出產，巴基斯坦亦有相當數量，年產約二千八百萬磅，其中除粗質地毯等可就地編織外，大多皆以原料輸出，其中包括美國與英國。政府已在克拉蚩開設毛紡廠，擁有生產設備四千錠，並另擬在西北邊省開設一擁有二萬錠的毛紡廠，如計劃能全部實現，則巴國人民冬季衣着需要，可獲部分解決。最後對於煉糖工業，巴國頗具基礎，現並已在西北邊省的馬爾坦設立一現代化的煉糖工廠，擁有五萬噸煉糖設備並有副產品加工工廠。

上述工業均係民生輕工業，且尙在萠芽階段，至於重工業的生產，除煉油業稍有基礎外，餘皆缺如。

六年建設計劃　一九五〇年十月，巴基斯坦政府擬就一項六年經濟建設計劃，自一九五一至一九五七年，擬斥資二十六億盧比，（合美金約六億元），從事國內基本建設，包括農田灌溉，運輸交通，電力發展等。其中用於農業建設者八億二千萬盧比，佔總預算百分之三十五；其他如交通運輸佔五億三卄萬盧比；電力發展四億七千萬盧比；工礦開發四億九千萬盧比，以及其他建設等約二億九千萬盧比。上項計劃自推行後，頗多建樹，惟迄距預定目標尙遠，例如農業建設：東巴基斯坦已開始建設恒河柯巴達克 Ganges

Kobatak 工程，投資一千九百六十萬盧比，其中美援及加拿大援助部分佔五百九十萬，其餘一千三百七十萬，由巴基斯坦政府自籌，完成後可灌溉田畝十萬一千英畝。另泰爾區拓荒工程業已完成，新闢墾地十二萬五千英畝。又西巴基斯坦的柯脫利巨型水庫 Kotri Barrage 亦已開工，全部完成時，可灌溉一百萬英畝。又如交通運輸：印、巴分治後，巴基斯坦的交通運輸，極端困難，不僅原有設備不敷，且由於東西兩部分國土間，距離遙遠而又不得不保持密切聯繫，因此必需擴修鐵道公路並增闢航空線，截至一九五六年止，計新修鐵道六十公里，公路一五〇三公里，又克拉蚩國際機場並已大加改善，克拉蚩港，亦在擴建，擬增加吞吐量百分之三十，需資二十萬盧比。至於電力開發部分，分治時火力發電六萬一千瓩；水力發電亦由一萬一千瓩，增至六萬三千瓩。目前尚在建設中的水力發電工程卡拉弗里，一九五九年完成時，可發電八萬瓩；又西旁遮普的華沙克水庫，得加拿大援助，正在順利建設，預計將可發電十六萬瓩；另蠻格拉水庫 Mangma Dam 亦經初步設計，如能投資七億三千萬盧比，當可發電三十萬瓩。

國際貿易　巴基斯坦的國際貿易額，年有增加，其特徵為：（一）出口多為原料，其中百分之九十五又為蔴、棉、羊毛與茶，而此等產品又恒受國際市場價格的影響。（二）其進口多為工業產品，包括棉織品，機器，車輛，西藥等。（三）國際收支常能平衡，且有時為出超，如一九四九至一九五一之國際貿易收支就是出超的，一九四九年至五〇年出口八億九千三百萬盧比，入口八億四千六百萬盧比，計出超四千七百萬。一九五〇年至一九五一年，出口十九億七千萬，入口十二億六百萬，計出超七億六千餘萬。其中與巴基斯坦貿易額最大的國家，自然是印度，約佔巴國出口的三分之一，入口貨的四分之一，其次為英國，美國，日本，法國，意大利等國。一九四九年至五〇年，巴基斯坦對中國大陸的輸出額爲二千一百萬盧比，入口三千六百萬，係入超；一九五〇年至五一年，出口八千九百萬盧比，進口八千九百萬盧比，變成出超，如以美金合六盧比六安那計算，則巴基斯坦與中國大陸間的貿易額，年未超過一千五百萬美金，當然算不了甚麼。

自一九五三年至一九五五年，巴基斯坦的國際貿易仍然是出超的，不過輸出仍以農產品爲主，輸入則爲工業品，其間以英國居首，次爲印度，再次爲日本與美國。三年中的總貿易額如下：

年度	出口（百萬盧比）	入口（百萬盧比）	備註
一九五三	一，四五三	一，一五四	出超
一九五四	一，一八七	一，一〇七	同
一九五五	一，五〇五	一，〇八五	同

自一九五四年開始，巴基斯坦接受美國軍事與經濟援助，大有助於國防的充實與經濟的建設，依上述國際貿易收支的統計及近年巴國財政情況觀察，分治後的巴基斯坦，國民生活曾獲相當改善，經濟相當穩定，一九四九年九月英鎊貶值，但與英鎊直接聯繫的巴基斯坦盧比，却並未同時貶值，足徵其國內財政尚相當穩定，不過如要達到現代工業化國家的經濟建設的水準，則距離尚屬遙遠。

巴基斯坦政府 依一九五六年二月二十九日通過的巴基斯坦憲法，巴國係爲一聯邦式的獨立共和國，但仍爲聯邦國協之一員，亦如印度在國協中的地位。總統由聯邦國會及邦議會組成的選擧大會選擧，任期五年。首相及內閣閣員由總統任命，但須向聯邦國會負聯帶責任。聯邦國會採一院制，稱爲國民議會National Assembly，議員三百人，東西巴基斯坦各佔半數，各按其選區人口比例定額選舉產生，任期亦爲五年。

現任巴基斯坦總統爲密薩爾（Maj Eeneral Iskander Mirze），出身軍旅。英人治印時代，他是第一個在桑霍斯特皇家軍官學校被選爲士官的巴基斯坦人，也是第一個被委爲軍官的巴基斯坦人。一九二六年奉派在印度殖民地政府的政治局任職，並曾擔任西北邊省的地方官。印、巴分治後，出任巴國首任國防部長，一九五四年五月調任東孟加拉省督，同年十月再入閣，擔任阿里內閣的內政部長，曾相偕赴德里與印度舉行「克什米爾會議」。

巴基斯坦是今日世界中第一大回教國，且爲巴格達公約與東南亞公約國，因其以回教號召而獲建國，故憲法中載明以回教爲國教，但對其他宗教，仍准信仰自由。巴基斯坦與印度係姊妹國，但不贊同印度的「中立主義」，且不憚表明其反共立場。由於克什米爾問題之未獲解決，印、巴兩國間的睦鄰友善關係，自分治後始終未能趨於正常。

第十五章　印度共和國現況

建國簡史　一六〇〇年十二月三十一日，英國東印度公司成立於倫敦。一八五八年十一月一日，東印度公司駐印總督甘寧，宣佈英女皇維多利亞詔書，原為東印度公司所轄領土，改屬英皇，從此印度滅亡於英。一八八五年十二月二十五日，由於英籍文官休謨之創議，在印正式成立國民會議（簡稱國大黨），作為殖民地政府與人民間之橋樑。一九〇五年寇松總督主瓜分孟加拉省為東西兩部分，激起反英怒潮，民族主義力量予從此在國大黨內抬頭。一九一六年甘地開始領導國大黨，使其成為爭取自由獨立的革命組織。一九一七至一九二九，甘地在印推行不合作運動，一九三〇至一九三四年更展開大規模民事反抗運動，親自領導食鹽長征。一九三五至一九四二年，再度推行「個別不合作運動」，一九四二年八月國大黨中執會通過「英國人滾出去」決議，甘地及其高級同志均被捕入獄。一九四三年五月，甘地因病獲釋。一九四五年德國投降，英國工黨代保守黨執政。一九四六年十月，印度獲組過渡時期臨時政府，一九四七年八月十五日，印、巴分治，各成為自治領，英人還政與印。一九四九年十一月二十六日，印度制憲會議完成制憲工作，翌年同日正式頒行。一九五二年三月舉行首屆大選，國大黨獲勝執政，一九五七年二屆大選，國大黨蟬聯，以迄今日。

地理概觀　就地理的意義來說，印度的土地係指印度共和國。葡屬哥亞 Goa，達滿 Daman，與狄歐 Diu。至於法屬旁的雪里 Pondichery，卡里卡 Karikal，馬赫 Mahe，亞南 Yanam 等地，事實上已是印度領土。一九五六年印度重劃邦界，現有行政區劃計十五邦與九個中央直轄行政區，即安達拉‧迭蘭迦拉 Andhra-Telangana，阿薩密 Assam，比哈爾 Bihar，古甲拉迭 Gujarat，契查拉 Kerala，馬達雅卜拉底希 Madhya Pradesh，麻打拉斯 Madras，馬哈拉希脫拉 Maharashtra，邁索爾 Mysore，奧利薩 Orrisa，旁遮普 Punjab，拉甲斯撒 Rajasthan，烏塔普拉底希 Uttar Pradesh，西孟加拉 West Bengal，贊木克什米爾等十五邦。孟買 Bambay，德里 Delhi，喜馬察卜底希 Himachal Pradesh，曼尼坡 Manipur，脫里坡拉 Tripura，安達曼尼可巴羣島 Andaman and Nicolbar Islands，拉卡底維 Laccadive，米里柯亞 Minicoy 及安明底維羣島 Amindive Islbnds 等九中央直轄行政單位。印度從東到西寬約一千七百英里，從南到北約兩千英里，陸路疆界線長達八千二百英里，海岸線長約三千五百英里。全部面積凡一，二六九，六四〇方英里，人口凡三五六，八七九，三九四人（一九五一統計），約佔全世界人口六分之一弱。印度地形爲一三角形半端，北端高枕喜馬拉雅山，南尖伸入亞刺伯海與孟加拉灣之間，最南端稱爲柯墨林角 Cope Comorin 。印度整個位於北緯地帶，包括克什米爾在內，從南到北，係在北緯八至三十七度之間。從東到西適爲東經六十六度二十分至九十七度。

大體說來，印度係世界最高山區喜馬拉雅山區從亞洲大陸向南放射出來的部分，其陸地邊疆從西到東，包括西巴基斯坦，中國，緬甸與東巴基斯坦。南部印度則三面臨海，東爲孟加拉灣，西爲亞拉伯海，南爲印度洋。印度的地形復雜，幅員遼濶，故所謂「平均溫度」，「平均雨量」實失去意義，例如克什米爾的最低溫度爲華氏四十九度，而拉甲斯撒的最高溫度則達到華氏一百二十度。又如西北察爾區 Thar

District 的雨量，全年不過四英寸，而東南齊拉旁吉區 Cherrapunji，則達到四二五英寸。故通常祇能談某一地的平均溫度或平均雨量，而不說全國性的溫度或雨量。印度海岸線如依全國面積來看，顯得短促，而港灣亦少。西岸爲岩岸，近岸係深海；東岸過淺，遠洋巨舶，不能靠岸拋錨，其間僅有孟買與哥亞堪稱天然良港，至於麻打拉斯港乃係人工開鑿而成。

印度依自然概況可分爲三個區域，即山岳地帶，印度斯坦平原與印度高原。山岳地帶起自極北的帕米爾高原，爲兩大山脈的橫亙區，在東南有喜馬拉雅山系，西北有蘇里曼山系。介於印、緬之間的喜馬拉雅山系，有各種不同的名稱，北端稱爲巴迭柯山 Patkoi Hills，稍南稱拉迦山 Naga Hills，到了阿薩密境則稱贊迭亞，克哈錫，迦諾 Jaintia Khasi Garo，再南稱落霞 Lushai，最南稱阿拉干約瑪 Arakan Yoma。喜馬拉雅山橫長一千五百英里，構成印度北部邊界，擁有世界最高的山峯，高達二九，一四一英尺，至於哥德雲奧斯丁峯，也有二八，二五〇英尺高。此一高峯插雲的山岳邊區，極不易與外界相通，例如印緬邊境，雖山勢較低，但係原始叢林，人跡罕到。其次從大吉嶺至克什米爾，此爲喜馬拉雅山主脈，平均高達二萬至一萬五千英尺，且多爲峭壁峻嶺，僅有錯齊拉隘道 Zojila Pass 通克什米爾，席甫克隘道 Shipki Pass 通巴基斯坦。山岳地帶屏障在印度北部，擋住了中亞一帶的酷寒，同時又使東南季候風北上受阻而使印度受雨水之惠，至於高山積雪，尤爲西北大川的源頭，其有助於農田灌溉與航行之利，尤屬顯而易見。

印度斯坦平原，或可稱爲恒河平原，東起孟加拉灣西迄巴基斯坦邊境，東西長達一千五百英里，縱深約一百五十至二百英里，全區無高山，恒河入海處，有小山斜坡，高亦不過五百英尺。本區爲印度精華所在，土壤肥沃，交通便利，且人口密集，物產富饒，有三大河流流貫其間，最西有比斯河 Beas 與蘇迭拉吉河 Sutlej，滙入印度河，注入亞剌伯海。東爲恒河，包括其支流贊木拉 Jamuna，哥格拉 Gogra，拉甫迭 Rapti 迦達克 Gandak，流向東南入孟加拉灣。印度首都德里，即在上述印度河與恒河平原之間。再其次爲婆羅門坡脫拉河 Brahmaputra，源於喜馬拉雅山，東行轉入印度境，與恒河合流，注入孟加拉灣，其航行與灌溉之利不大。上述印度河與恒河，上游水流湍激，排山倒海，迄入印度平原後，河身加寬，流速平穩，故不僅饒航行之利，且所過之處，沃野千里，東孟加拉，比哈爾，聯合省，及東旁遮普等區，皆受其惠，而成爲印度的農業中心。

印度高原偏在南方，係針對印度斯坦平原而言，或亦稱德干高原，通常在拔海一千五百英尺至四千英尺之間，西南又較東北爲高。西德干山縱貫孟買，平均高度三千英尺，最高至九千英尺；東德干山偏在麻打拉斯，平均約高一千五百英尺。本區除孟買與麻打拉斯外，尚包括北部邦，阿利薩邦的一部分，以及安達拉，邁索爾，吉諾拉等邦。

人口分佈與成份　印度總人口數爲三五六，八七九，三九四人（一九五一統計），其中男性一八三，三三三，八七四人；女性佔一七三，五四五，五二〇人。其分佈與主要成份（成分包括宗教信仰，從事農業人口，及海外印僑等項）統計如下列各表（根據一九五六年印度時報年鑑 The Times of India Directory and Year Book 1956—57）

甲、印度人口分佈表（不包括海外印僑人數）

地區	總面積（方英里）	總人口
一、北部印度（包括烏塔普拉底希）	一一三，四〇九	六三，二一五，七四二
二、東部印度（包括比哈爾，阿利薩，西孟加拉，阿薩密，曼尼坡，脫里坡拉，錫金）	二六一，六五七	九〇，〇八〇，二九七
三、南部印度（包括麻打拉斯邁索爾，脫拉瓦柯欽，柯克）	一六八，〇〇九	七五，六〇〇，八〇四
四、西部印度（包括孟買，蘇拉希脫拉，庫奇）	一四九，六〇九	四〇，六六一，一一五
五、中部印度（包括麻達雅普拉底希，麻達雅巴拉底，海德拉巴，白坡，雲達雅普拉底希）	二八九，三九九	五二，二六七，九五九

六、西北印度（包括拉甲斯撤，旁遮普，巴迭亞拉東旁遮普邦聯，阿吉米，德里，比拉斯普，喜馬察普拉底希）	二八四，三四二	三四，九七二，五九七
七、安達曼尼可巴羣島	三，二一五	三〇，九七一
合　計	一，二六九，六四〇	三五六，八七九，三九四人

乙、宗教信仰成份表

教　別	奉教人數
印度教	三〇三，一八六，九八六人
回　教	三五，四〇〇，一一七
基督教	八，一五七，七六五
錫克教	六，二一九，一三四
耆那教	一，六一八，四〇六
其他部落宗教	八九一，九三五
佛　教	一八一，七六七

拜火教	一一，七九一
無神教	四九，二二八
猶太教	二六，八〇一

丙、從事農業人口成份表

邦或地區品	人口總數	農業人口所佔百分比
烏塔普拉底希	六三，二一五，七四二	七四%
比哈爾	四〇，二二五，九四七	八六%
阿利薩	一四，六四五，九四六	七九%
西孟加拉	二四，八一〇，三〇八	五七%
阿薩密	九，〇四三，七〇七	七三%
曼尼坡	五七七，六三五	八三%
脫里坡拉	六三九，〇二九	七三%
錫金	一二六，一六四	九二%
麻打拉斯	五七，〇一六，〇〇二	六五%
邁索爾	九，〇七四，九七二	七〇%

脫拉瓦柯欽	九，二八〇，四二五	五五%
柯　　　克	二二九，四〇五	五八%
孟　　　買	三五，九五六，一五〇	六一%
蘇拉希脫拉	四，一三七，三五九	四七%
庫　　　奇	五六七，六〇六	四二%
麻打雅普拉底希	二一，二四七，五三三	七六%
麻達雅巴拉底	七，九五四，一五四	七二%
海德拉巴	一八，六五五，一〇八	六八%
白　　　坡	八三六，四七四	六六%
雲達雅普拉底希	三，五七四，六九〇	八七%
拉甲斯撒	一五，二九〇，七九七	七一%
旁　遮　普	一二，五〇六，一〇九	六四%
巴迭亞拉東旁遮普邦聯	三，四九三，六八五	七三%
阿　吉　米	六九三，三七二	四五%
德　　　里	一，七四四，〇七二	一〇%
比拉斯普	一二六，〇九九	九〇%

喜馬察普拉底希	九八三，三六七	九三%
安達曼尼可巴羣島	三〇，九七一	一四%
合　計	三五六，八七九，三九四	七〇%

丁、海外印僑分佈表

印僑分佈海外者，達三百六十餘萬，其中三百五十萬係居留聯邦國協各地，且多爲英人治印時代，移殖海外之勞工，目前印政府對出國僑民採取管制政策，除係與居留國有移民協議遵照規定移殖，或確有謀生技能得向海外發展者外，其餘無力謀生或擬冒險出國者，皆在禁止之例。任何印度國民向海外移殖，必須獲得政府許可，且經指定港口出境。現時每年准許印人定額移殖諸國，加拿大每年一百五十名，美國一百名，菲律賓五十名，泰國二百名，其他諸國並無定額限制，原則上爲自由性質，僅皆需經過居留國個別核准，故近年印僑移殖海外者，亦遠不若以前之多。玆將世界各地有印僑滿千人以上的地區，列表統計於左：

地　名	印　僑　人　數
亞　丁　Aden	九，四五六
澳大利亞　Australia	二，五〇〇
英屬基亞那　British Guiana	二一〇，〇〇〇

英屬洪都拉斯	British Honduras	二，〇〇〇
英屬北婆羅洲	Britirh Borneo	二，〇〇〇
加拿大	Canada	三，〇〇〇
錫蘭	Ceylon	九六九，七二九
費吉羣島	Fiji Island	一六〇，三〇三
格里拉達	Grenada	四，〇〇〇
香港	Hongkong	二，〇〇〇
牙買加	Jamaica	二六，〇〇〇
迦雅	Kenya	一二七，〇〇〇
馬來亞	Malaya	六九一，四三一
摩里修斯	Mauritius	三五二，四〇五
新西蘭	New Zealand	一，二〇〇
尼沙蘭	Nyasaland	六，〇〇〇
北羅德西亞	Rhodesia (N)	三，五〇〇
南羅德西亞	Rhodesia (S)	四，七〇〇
沙勞越	Sarawak	二，二〇一

星加坡	Singapore	九一,〇二九
南非	Sauth Africa	三六五,五二四
聖羅西亞	St. Lucia	三,〇〇〇
聖文生	St. Vincent	二,〇〇〇
坦迦一卡	Tanganyika	六八,五〇〇
脫里達•脫巴哥	Trinidad and Tobago	二五〇,八〇〇
烏迦達	Uganda	五〇,〇〇〇
英國	United Kingdom	九一,六七七
塹辛巴•抜巴	Zanzibar and Pamba	一五,八一二
巴赫冉	Bahrain	三,〇〇〇
比屬剛果	Belgian Congo	一,二二七
荷屬基亞那	Dutch Guiana	七〇,〇〇〇
伊西阿比亞	Ethiopia	一,六四五
越南	Indo China	二,三〇〇
印尼	Indonesia Republic	四〇,〇〇〇
意屬蘇馬利蘭	Italian Somaliland	一,〇〇〇

庫維脫	Kuwait	二，五〇〇
馬達迦斯迦	Madagascar	九，九五五
尼泊爾	Nepal	一〇，四四一
菲律賓	Philippines	一，二九五
葡屬東非	Portuguese East Afica	五，〇〇〇
再聯羣島	Reunion Islands	二，二〇〇
羅安達•烏朗底	Rauanda Urundi	一，九六三
沙地阿拉伯	Saudi Arabia	二，四〇〇
泰國	Thailand	一一，二三五
美國	U. S. A.	五，二三二
蘇聯	U. S. S. R.	一五

工礦資源 印度工礦資源，煤鐵儲量頗豐，僅銅，錫，鉛，鋅，鎳，鉻等，重要金屬及硫璜，石油等則感缺乏；錳，鎂，雲母等可够自用。玆將煤鐵儲量與產量，列表統計於左：

甲、煤礦

印煤百分之八十二集中於拉里古吉 Raniguji，與吉里狄 Giridih，比哈爾 Bihar 與西孟加拉 West Bengal 現有煤田百處，煤礦工人三十四萬。據煤礦調查委員會估計，家用煤儲量達二十億噸，非家用煤達三百九十六億噸。一九四七至一九五五產量如下：

年別	產量（百萬噸）
一九四七	三〇・〇七
一九四八	二九・八二
一九四九	三一・四四
一九五〇	三二・四一
一九五一	三四・四三
一九五二	三六・六〇
一九五三	三五・九八
一九五四	三六・七八
一九五五	三八・二三

乙、鐵礦

印度鐵礦藏量達五十億噸，且含鐵成分高達百分之六十以上，堪稱世界藏鐵量最富的區域之一且品質極高。其分佈集中於比哈爾，麻達雅甫拉底希，阿利薩，麻打拉斯，安達拉，孟買，旁遮普等邦，各邦儲量估計如下：

邦名	產量（百萬噸）

比哈爾	一,〇四七・〇〇
麻達雅甫拉底希	一,五五一・〇〇
奧利薩	一,六五四・〇〇
麻打拉斯	三〇四・六五
安達拉	三〇七・七四
邁索爾	四三五・〇〇
孟買	六・〇〇
旁遮普・別甫索	一一・〇〇
總計	五,〇〇七・二九

一九五〇至一九五五每年鐵產量如下：

年別	產量（百噸）
一九五〇	二,九六五
一九五一	三,六五七
一九五二	三,九二六
一九五三	三,七八四
一九五四	三,八〇〇

農工生產　印度總面積計八億一千一百萬英畝，可用土地面積七億一千八百萬英畝，其中未開發者四億一千六百萬英畝，實際播種者三億零二百萬英畝，其中生產糧食面積佔二億五千七百萬英畝。一九五四年度主要農產品數額如下：

類別	墾殖面積（千畝）	產額（千噸）
米稻	七七，〇三二	二七，五六一
大麥	二六，三一〇	七，八七三
小麥	八，七二一	二，九〇四
甘蔗	三，四九八	四，四六四
馬鈴薯	六三五	一，九二四
黑胡椒	二〇八	二四
辣椒	一，三二六	二〇七
烟草	九一二	二六八
硬果	一〇，八六九	三，五七三
棉	一七，一八二	三，九六五（千袋。每袋重三九二磅）
麻	一，一九六	三，一二九（千袋。每袋重四〇〇磅）
香蕉	三三一	一，八四九

山薯	四四三	一，一五一
鴉片	五四	一一
茶	七七五	五八八，七三三（千磅）
橡皮	一六九	四四，七〇〇（千磅）
椰子	一，五五一	三，三一〇（百萬顆）

印度農產品中，年產糧食（包括雜糧）共約六千六百萬噸，唯米糧仍感缺乏，每年皆需自國外輸入，耗資平均在四億七千萬盧比左右。各邦中有餘糧者爲麻打雅卜拉底希，旁遮普，別卜索，奧利薩，阿薩密。勉能自給者爲聯合省，麻打雅巴拉迭。經年缺糧者爲：孟買，麻打拉斯，邁索爾，脫拉瓦柯柯欽，海德拉巴，拉甲斯撒，喜馬察卜拉底希，比哈爾，西孟加拉。

說到工業產品，以一九四六年的生產指數作基數，至一九五四年的升降情況，有如下表所示：

年度	生產指數
一九四七	九七・二
一九四八	一〇八・四
一九四九	一〇六・一
一九五〇	一〇五・〇
一九五一	（缺）

一九五二	一二八・九
一九五三	一三五・二
一九五四	一四六・四

如拿一九五〇與一九五二的情形作一比較，下述數字尤其值得注意。

項目	一九五〇年	一九五二年
工廠數目	六，三三三家	七，一五五家
固定資產	二三五（千萬盧比）	三〇〇・九四
工人數目	一・五二七（百萬）	一・六四八
工資總額	一六二（千萬盧比）	二〇〇・七五
原料消費總值	七一九・六（千萬盧比）	八六八・九四
生產價值	九八九・七（千萬盧比）	一，一八三・九七

此可證易自一九五二開始，印度工業生產，由於第一個五年經濟建設計劃之實施，已是不斷增進。茲將幾種主要工業產品之統計，列表如後：

項目	產量	生產年代
鋼	一，二四三（千噸）	一九五四
生鐵	一，七九三（千噸）	一九五四

造船	四七八，八〇七（噸）	一九五六
糖	一〇•〇一（十萬噸）	一九五四
茶	六二〇（百萬磅）	一九五二
棉織品	五，〇九八，〇〇〇（百碼）	一九五五
棉紗	一，六三七，〇〇〇（百磅）	一九五五
毛織品	一八•七五（百萬磅）	一九五四
塑膠	九二〇，〇〇〇（十打）	一九五五
蔴織品	九九三•三（千噸）	一九五五
水泥	五，〇〇六（百噸）	一九五五
車輛（客車與貨車等）	一四，四六〇輛	一九五四

美援印度 自一九五一年起，美國開始積極經援印度，其方式不外三類，第一類係美國政府之技術援助及開發貸款與救濟物資等。第二類係美國社會性機構如福特基金董事會，洛克費洛基金董事會等之投資；第三類純屬美國民間救濟或慈善團體之捐助。綜計至一九五五年止，援助款項共達七億五千餘萬美金，合印幣三十五億五千萬盧比，其有助於印度第二個五年建設計劃之推行，以及對印度金融之安定與戰後社會之復興，實寓有功焉。其中主要項目如下：

項目	款額（百萬）	撥款時期

小麥貸款（救濟糧荒）	一九〇・	一九五〇
白銀貸款（穩定幣制）	一六一・	一九五一
開發貸款與技術援助	二二〇・	一九五二至五四
經　援	四五・	一九五五
經　援	六五・	一九五六
救濟物資	二四・	一九五一至五五
小麥貸款息金轉助印度文教機構	五・	一九五五
福特基金董事會	一四・四九	一九五一至五五
洛克費洛基金董事會	五・	一九五一至五五
民間慈善團體救濟捐助	二一・五〇	一九五一至五五

國際貿易　印度係以農立國，但近三十年來工業發展頗快，特別是印巴分治以後，這種現象尤爲顯著，可從其進出口貿易統計數字中看出。一九二〇至二一年，進口貨中百分之八四爲成品，出口貨中百分之四五爲原料。一九二九至三〇年，進口原料僅佔總額百分之九・三，而出口貨中原料高至百分之四九・五〇。到了一九五〇至一九五一，進口貨中原料遽增，已佔總入口貨的百分之三五・一，而出口的原料已降低到總額的百分二〇・八。這顯著的差別，主要是由於印度本身工業生產的進步，因此原料輸入增加，輸出減少。一九五二至五三，進出口貿易額爲一百二十四億一千萬盧比；一九五三至五四年，爲一百一十一億

一千萬盧比；一九五四至一九五五年，又恢復到一百二十一億九千萬盧比。但如就進出口兩者比較，則印度爲入超國，自一九五〇至一九五五年之統計如下：

年度	進口額（十萬盧比）	出口額（十萬盧比）	出抑入超
一九五〇—五一	六二三，九六	六二四，六三	出超六七
一九五一—五二	九四三，二九	七四二，七〇	入超五九
一九五二—五三	六六四，〇四	五七七，六六	入超八六，三八
一九五三—五四	五八〇，六七	五三〇，六二	入超五〇，〇五
一九五四—五五	六三六，一一	五八三，〇六	入超五三，〇五

又一九五四至五五年，印度對各國進出口貿易額中，較大者統計如下：

國別	進口（盧比）	出口（盧比）
英國	一，四六八，八四八，二二四	一，八四七，四五二，四一〇
巴基斯坦	六，三〇九，八六九	四七，八六五，八九七
香港	一四，七八八，六五一	三三，五三三，八一二
加拿大	一〇一，三四三，一四七	一七三，六九九，七七七
澳大利亞	一九五，五四四，四八〇	二四四，四八三，九二四
紐西蘭	一七，九八九，九二一	四五，三一〇，九二二

蘇聯	一六，一一三，三三二	二一，一六七，九四二
愛爾蘭	五九，一六四	七六，六九四，一三一
西德	三八七，二五四，八二六	一四五，一五三，九三二
東德	二，三三六，四四五	三二一，五九四
法國	一三九，五三七，一四五	五一，八二二，一一六
緬甸	五七三，二六三，二八九	一五八，五四三，一九七
日本	一八九，〇九六，一〇四	一五六，六二七，五七二
自由中國	一七，五四八，七二一	三一八，〇四七
朱毛匪幫	一五，六三八，〇六三	二七，九三五，四九九
埃及	一九六，八四七，三五〇	八一，七六九，〇七一
美國	八一六，〇七一，五五一	八七三，八一〇，五四五
阿根廷	六八一，九七一	一二五，〇八一，三八二

由上表統計，可知印度的對外貿易，仍係以自由世界爲主，其中以英、美、緬甸、西德、日本與法國等國較多，至於其與鐵幕集團的貿易額，雖締結有貿易協定，但成交並不大，又我對印度之輸出，在一九五四至五五年，仍保有一千七百餘萬盧比，至印度對我之輸出，則僅有三十餘萬盧比，也是值得我們注意的。

印度政府　印度政府係採取責任內閣制，元首爲總統，由國會兩院及各邦立法會議聯合組成的選擧大會選出，任期五年，得連選連任，凡年滿三十五歲之印度國民，皆可競選。月薪一萬盧比，退休時可獲年金一萬五千盧比。總統得召集並解散國會，並得就國會所已通過之法律案，退回重議，但以一次爲限。在國會休會期間，如遇緊急情況，總統得逕行頒佈命令，具有法律效力，但國會復會後六星期，即告失效。總統當全國或某一部分邦因戰爭或內亂而致發生安全問題時，得宣佈進入緊急狀態，畀予聯邦政府以特殊之權力。凡最高法院，高等法院之法官及各邦邦督皆由總統任命。印度政府之政令皆以總統名義爲之，首相應將內閣一切重要決定報告總統。總統如有違憲情事，國會得以全體三分之二之多數決議，彈劾總統，使其去職。總統在執行行政職務時，得藉助並聽取內閣會議之意見，內閣以首相爲首，由總統任命，閣員則由首相提請總統任命。內閣向下院負聯帶責任，閣員必須兼爲任何一院之議員。總統之下另設副總統，其任期與總統同，由國會兩院議員選擧產生。

印度國會包括總統與上、下兩院。上院 Rajya Sabha 有議員二五〇人，由各邦之立法會議依憲法規定之名額分別選出。下院 Lok Sabha 則由各選區直接選擧產生，共五〇〇名。上院議員每二年改選三分之一，副總統兼爲上院議長。下院議員任期五年，其正副議長由議員互選。

最高法院依憲得受理聯邦政府與邦政府間，或邦政府彼此間之糾紛案件，如遇法律案與憲法有牴觸時，並具有解釋憲法之權。最高法院院長與七名大法官，均由總統任命。

印度憲法規定以 Hindi 爲國文，但自憲法頒行之日起，十五年以內，英文仍具有官方文字效力。

爲使政府能秉公用人不受他力干擾，特確立有獨立考試制，此制一方面係承受過去英治時代文官制度之精神，同時復採取我國五權憲法之精義，特在聯邦設中央公務人員考選委員會 Union Public Service Commission，在各邦設邦公務人員考選委員會 Public Service Commission。聯邦考選委員會之委員長及委員由總統任命，任期六年或任職達年屆六十五歲時退休，在邦則由邦督任命。所有考選委員皆不得兼任政府其他官職，其主要職務爲主持全國或邦之考選行政業務。

上述印度政府之組織，係依一九五〇年所頒定之現行憲法規定，憲法之主稿人爲印度首屆法律部部長阿比德卡博士。阿比德卡博士出身賤民階級，亦印度賤民協會主席，今已逝世。憲法中曾有廢除賤民階級之明文規定。（完）

中華社會科學叢書

克什米爾與印巴關係

作　　者／吳俊才　著
主　　編／劉郁君
美術編輯／鍾　玟

出 版 者／中華書局
發 行 人／張敏君
副總經理／陳又齊
行銷經理／王新君
地　　址／11494 臺北市內湖區舊宗路二段181巷8號5樓
客服專線／02-8797-8396　　傳　真／02-8797-8909
網　　址／www.chunghwabook.com.tw
匯款帳號／兆豐國際商業銀行　東內湖分行
067-09-036932　中華書局股份有限公司

法律顧問／安侯法律事務所
製版印刷／維中科技有限公司　海瑞印刷品有限公司
出版日期／2017年7月三版
版本備註／據1958年8月二版復刻重製
定　　價／NTD 250

國家圖書館出版品預行編目（CIP）資料

克什米爾與印巴關係 / 吳俊才著. —三版. —臺北市 : 中華書局, 2017.07
面 ; 公分. —（中華社會科學叢書）
ISBN 978-986-94907-6-4(平裝)

1.國際關係 2.印巴關係

508　　106008340

NO.F6014
ISBN 978-986-94907-6-4（平裝）
本書如有缺頁、破損、裝訂錯誤請寄回本公司更換。